[シリーズ] メディアの未来 ❸

media literacy
メディア・リテラシーの現在
公害／環境問題から読み解く

池田理知子 編著 IKEDA Richiko

ナカニシヤ出版

まえがき

　この本は,「公害／環境問題」を軸として, メディア・リテラシーとは単なるメディアの読み解き方という狭義の意味を指しているわけではないことを明らかにするものである。2011年3月11日に起こった「原発震災」は, 私たちの日常を根底から覆した。私たちは, 放射能という目に見えない脅威と隣り合わせの生活を強いられることになったのである。しかし, 主流メディアは逆にその脅威を矮小化するかのようなメッセージを流し続けている。これまでの日常をできるだけ変えたくないと願うオーディエンスにとって, それは不安を和らげるという効果を発揮しているのだろうが, 数年後に癌をはじめとした多くの疾患に悩む人びとが増え始めてから, こうしたメディアとオーディエンスの「馴れ合い」の構図に気づくのでは遅すぎる。

　今回の「原発震災」ほど, メディアと私たちの関係が問われる「事件」となったものはかつてない。メディアが伝える内容の検証にとどまることなく, 変化を望まない, 目に見えない力が作用する日常から一歩踏み出し, これまでの自分を振り返ることによって自らの立ち位置を問い直すことがメディア・リテラシーであるとするならば, 今必要なのは具体的な事例を通して, メディアと私たちの関係を組み直すことである。本書はこうした問題意識の下に書かれている。

　「原発震災」でより明らかになったように,「公害」は, 加害／被害の関係――もちろんこの関係も複雑であることはいうまでもない――をあいまいにしかねない「環境問題」という言葉で代替することはできない。いつのまにか「公害」が死語になり,「環境問題」という言葉に置き換わってしまった現状を解明するのもこの本のなすべきことであり, 改めて「公害」の意味を問い直す必要性がある

と考える。環境とビジネスや地域振興を安易に結びつける論調や，エコという言葉と一体となり単に賢い消費者を作り出すだけで終わってしまうようなメッセージの発信は，私たちの生活がどのような仕組みのうえに成り立っているのかといった根本的な問題への探究心を育てる方向へと作用することはない。観光と環境の結びつきも同様である。メディアが発するわかりやすいメッセージを何の疑いもなく受容しているこの現状を分析の俎上に載せることは，メディア・コミュニケーションを研究する者の責務なのではないかと考える。

具体的には，沖縄や水俣，マーシャル諸島といった現場で何が起こったのか，そこで「問題」がメディアを通していかにつくられてきたのか，あるいは問題自体がどうやって隠ぺいされてきたのかを明らかにしたうえで，オルタナティブ・メディアの可能性について論じていく。オルタナティブ・メディアとは何かを考える場合，コンテクストが重要な問題となる。主流メディアが流す報道であったとしても，そのテクストが置かれたコンテクストによってはオルタナティブな視点を提供してくれるものとなり得るため，物理的に何がオルタナティブ・メディアなのかといった議論を展開したとしても無意味である。本書の執筆陣はこの点に留意しつつ，これまで取り上げられることが少なかったメディアを通して，オルタナティブ・メディアの可能性について論じている。「語り部」の講話やテレビドキュメンタリー・アーカイブ，パブリックディベート，ドキュメンタリー映画といったメディアが，他者との関係をつなぐ役割をいかに果たしているのかを明らかにすることは，関係性を問題とするコミュニケーション学的な視点を反映した議論となるはずである。

「公害／環境問題」とメディアの関係を前面に出して論じた本／教科書はこれまでほとんど出版されていなかった。しかもそうした

具体的な事例を通してメディア・リテラシーについて解析した本が出された形跡はない。本書自体が，オルタナティブ・メディアの一つとして，読者に新たな地平を開くきっかけを与えるようなものとなることを願っている。

　最後に，企画段階から出版まで二年近くも要したため，早い段階で脱稿していただいた幾人かの著者を長い間待たせることになってしまったことをこの場を借りてお詫びしたい。しかし当初予定していたよりも時間は要したが，最終的にはいい本ができあがったと思っている。これもひとえにナカニシヤ出版編集部の米谷龍幸氏のお力添えがあったからこそで，この場を借りて感謝の意を表したい。

編者代表
池田理知子

目　　次

まえがき　*i*

第Ⅰ部　メディア・リテラシーの意味

第1章　公害／環境問題とメディアの接点 ―――― 3
　　　　螺旋状に広がる沈黙の輪を断ち切るために

1　はじめに　*4*
2　公害から環境問題へ　*7*
3　政治・産業・メディアの三位一体　*10*
4　環境・ビジネス・広告　*11*
5　「エコ」から「公害／環境問題」へ　*12*
6　「日常」から変革していくために　*15*

第2章　メディアと教育 ―――― 19
　　　　メディアとしての私たち

1　はじめに　*20*
2　公共広告の非公共性　*23*
3　アンパンマンのマーチ　*26*
4　タイガーマスク運動　*29*
5　『宇宙戦争』事件　*32*
6　おわりに：今後のメディア教育について　*36*

第3章　メディア・リテラシー再考 ―――― 41
　　　　物語と現実のはざまで

1　はじめに　*42*
2　メディアの透視画法　*43*
3　まなざしの共同体　*48*
4　身体技法としてのメディア・リテラシー　*51*
5　未完の歴史へ向けて　*55*

第II部　メディアによってつくられる「現実」

第4章　毒ガスの行方 ──────────────── 61
沖縄の毒ガス移送問題から考える「他者」との連帯

1　はじめに　*62*

2　1970年前後の「毒ガス事件」の経緯　*64*

3　国内外に広がる毒ガス問題　*65*

4　毒ガス問題をめぐる対立と「連帯」の難しさ　*69*

5　越境する環境問題と「他者」との回路　*74*

第5章　「ヒバクシャ」の声はなぜ聞こえないのか ─────── 81
マーシャル諸島の人びとが伝えたいこと

1　届かない「ヒバクシャ」の声　*82*

2　アメリカ政府による核実験被害の隠蔽　*84*

3　メディアによる「ヒバクシャ」の表象　*86*

4　ヒバクの「商品化」　*89*

5　「ヒバクシャ」の声を届けるために　*92*

第6章　メディアとしての原子力／メディアのなかの原子力 ── 97
米軍占領下の沖縄における「原子力発電」計画の意味

1　はじめに　*98*

2　メディアとしての原子力　*99*

3　メディアのなかの原子力　*105*

4　日常のなかのプロパガンダ　*109*

第III部　関係性をつくりだすメディア

第7章　コミュニケーションを可能／不可能にする語りの場 ── 115
「当事者」への期待から「当事者性」の獲得へ

1　はじめに　*116*

2　語りの場　*117*

目　次　vii

  3　「当事者」を求める力　*122*
  4　「当事者性」と想像力　*123*
  5　偶有性から考える「当事者性」　*125*
  6　おわりに　*127*

第8章　テレビドキュメンタリー・アーカイブとその可能性　*131*
記録と記憶としての「水俣」のテレビドキュメンタリー

  1　「環境問題の原点」が見えなくするもの　*132*
  2　人為時事性と記録と記憶　*133*
  3　アーカイブが到来させるもの　*138*
  4　時間イメージの生成　*142*
  5　記憶のテクノロジー　*145*

第9章　パブリックディベートの可能性　*151*
議論不在の状況を乗り越えるために

  1　はじめに　*152*
  2　公害／環境問題としての原子力発電　*155*
  3　原子力発電をめぐる報道の問題点　*158*
  4　福島第一原発事故をめぐるメディア・リテラシーの問題　*160*
  5　パブリックディベートの可能性　*162*
  6　おわりに　*171*

第10章　オルタナティブ・メディアの生成　*177*
ドキュメンタリー *The Return of Navajo Boy* とその試み

  1　はじめに　*178*
  2　*The Return of Navajo Boy* と表象の問題　*179*
  3　ウラン被ばくと構造的差別　*183*
  4　映画を通した「主体」の構築　*186*
  5　映画をめぐる多様な試み　*189*
  6　生成する「オルタナティブ・メディア」　*191*

第 11 章 メディアとしてのミュージアム ―――― 195
公害資料館へのまなざし

1 はじめに　*196*
2 博物学的／記号的空間の誕生　*197*
3 消費社会のなかのミュージアム　*198*
4 「観る」という行為　*200*
5 記号的空間としての公害資料館　*201*
6 タイムカプセルとしての公害資料館　*204*
7 「観る」から「スケッチ」へ　*207*
8 おわりに　*209*

第IV部　日常のなかのメディア・リテラシー

第 12 章　「市民ゲリラ」養成講座 ―――― 215
3 人の「市民ゲリラ」から 3.11 以降の生き方を探る

1 はじめに　*216*
2 「市民ゲリラ」のイメージ　*217*
3 水俣で「ねじ」を巻く　*220*
4 沖縄での座り込みと「祭り」　*223*
5 浜岡原発とパレード体験　*226*
6 対話の場としての「ハンスト」　*229*
7 「対立」が生み出される背景　*231*
8 権力側が嫌うもの　*234*
9 「市民ゲリラ」たちのこれから　*237*
10 継続と対話，そして耳を澄ます　*239*

事項索引　*242*
人名索引　*245*

第Ⅰ部 メディア・リテラシーの意味

第1章 公害／環境問題とメディアの接点
　　　螺旋状に広がる沈黙の輪を断ち切るために

第2章 メディアと教育
　　　メディアとしての私たち

第3章 メディア・リテラシー再考
　　　物語と現実のはざまで

本書の全体像を概説する役割を果たしているのが第Ⅰ部「メディア・リテラシーの意味」である。メディア・リテラシーを論じるにあたって，なぜ公害や環境問題を取り上げる必要があるのか，本書で取り上げるメディア・リテラシーが従来議論されてきたものとどう異なるのかが，それぞれの章で丁寧に説明されている。

　まず第1章の「公害／環境問題とメディアの接点」では，「公害」と「環境」というキーワードを軸にメディアがそれらにまつわる事象をいかに報じてきたのかを分析する。「公害」が「環境」という言葉に置き換わることによって，何が見えなくされてきたのか，それが現在の原発問題とどうつながっているのかを明らかにしたうえで，今何が求められているのかが議論されている。「原発震災」後，私たちを取り巻く世界は明らかに変わってしまった。そこでどのような日常を選び取るのかが，私たち一人ひとりに問われているのである。

　第2章の「メディアと教育」は，従来のメディア・リテラシー教育を論じるものとは一線を画す。アニメや広告，議論を醸し出した事象といった身近な例を用いながら，そうしたメディアが流すメッセージがいかに消費されるのかを論じるのだが，そのなかで明らかにされるのがメディアとしての私たちの姿である。それは，人に何かを伝える／教える場が教育の一つの形だとすれば，私たち自身が「教育」を実践する存在としてあることを示していることになる。

　本書のタイトルにもなっている「メディア・リテラシー」について包括的に論じているのが第3章の「メディア・リテラシー再考」である。ここではまず，メディアを批判的に読み解く技術という従来のメディア・リテラシーの枠を超えて考えることの重要性が述べられている。そして，コミュニケーションの輪をいかに広げ，どのように社会にコミットできるのかを一人ひとりが考えていかなければならないこと，それが単なる技術論に陥らないメディア・リテラシーの姿であることが解き明かされる。第Ⅱ部以降の具体的事例を取り上げて分析を試みるそれぞれの章を読む際に参照されるべき点だと考えて欲しい。

第1章

公害／環境問題とメディアの接点

螺旋状に広がる沈黙の輪を断ち切るために

沈黙の春（カーソン, 1964）

「アメリカの奥深くわけ入ったところに，ある町があった。生命あるものはみな，自然と一つだった……ところが，あるときどういう呪いをうけたのか，暗い影があたりにしのびよった。いままで見たこともきいたこともないことが起こりだした。若鶏はわけのわからぬ病気にかかり，牛も羊も病気になって死んだ。どこへ行っても，死の影……病める世界——新しい生命の誕生をつげる声ももはやきかれない。でも，魔法にかけられたのでも，敵におそわれたわけでもない。すべては，人間がみずからまねいた禍いだった」（カーソン, 1964：p.11）。

これは，レイチェル・カーソンが 1962 年に著した『沈黙の春』（日本語版は 1964 年刊行）の冒頭に出てくる架空の話である。この物語で描かれる風景に，既視感を覚えずにはおられないのは，はたして筆者だけだろうか。東京電力福島第一原子力発電所事故後の周辺の映像が重なってしまう。

1 はじめに

❖ 複合汚染

　私たちの周りは化学物質であふれている。中性洗剤や芳香剤，化粧品，香水，防虫剤，殺虫剤，食品添加物，さまざまな抗菌グッズ……。平成14（2002）年版『環境白書』によると，「今日，推計で5万種類以上の化学物質が流通して」おり，「毎年300件程度の新規化学物質の届出が行われて」いるという。そして，「化学物質の開発・普及は20世紀に入って急速に進んだものであることから，人類や生態系にとって，それらの化学物質に長期間暴露されるという状況は，歴史上，初めて生じているもの」だという文言がその後に続く[1]。

　こうした実態がある一方，米国では，量として75％相当の市場に流通している化学物質が，基本的な毒性テストの結果すら公開されていないという指摘もある[2]。日本も似たような状況ではないかと思われるが，いずれにせよたとえ毒性テストが行われ，その結果が公表されたとしても，それはその物質のみのものであって，複数の化学物質を同時に体内に取り込んだときの影響については何も教えてくれない。

　1970年代という早い時期に化学物質の複合汚染について警鐘を鳴らした作家の有吉佐和子は，複合汚染とはさまざまな化学物質の足し算である相加効果ではなく，掛け算である相乗効果であると言っている。そして，私たちの日常を次のように描写する。

---

1) http://www.env.go.jp/policy/hakusyo/hakusyo.php3?kid=215?kid=215&serial=12945&bflg=1（アクセス：2013年3月26日）
2) 米国NGOの環境防衛基金が1997年に出した *Toxic Ignorance*（毒性の無知）より〈http://www.edf.org/documents/243_toxicignorance.pdf（アクセス：2013年3月26日）〉。

排気ガスで汚染された空気を呼吸し，農薬で汚染された御飯と，多分農薬を使っているが，どんな農薬を使っているのかまるで分らない輸入の小麦と輸入の大豆で作った味噌に，防腐剤を入れ，調味料を入れて味噌汁を作り，着色料の入った佃煮を食べ，米とは別種の農薬がふりかけられている野菜，殺虫剤と着色料の入った日本茶。という工合に，私たちが日常，鼻と口から躰の中に入れる化学物質の数は，食品添加物だけでも一日に八十種類といわれている（農薬と大気汚染を勘定すると，何百種類になる）（有吉, 1975：pp.157-158）。

図 1-1　複合汚染
（有吉, 1975）

こうした化学物質の相乗効果とは，いったいどういうものなのだろうか。その効果の多くがいまだ解明されていないのだが，ごく微量の化学物質に晒されただけでさまざまな症状が出て，日常生活を送ることさえままならない化学物質過敏症の患者の発生は，相乗効果の結果の一つに違いない。

> ●コラム『いのちの林檎』
> ドキュメンタリー映画『いのちの林檎』（藤澤, 2010）は，化学物質過敏症患者の現代社会での生きづらさを追った映画である。新築の家に越してきてから体調がおかしくなった早苗は，近所のゴルフ場の農薬散布がトリガーとなり発症する。微量の化学物質が含まれた空気を吸っただけで息ができなくなるほどの発作が起きてしまう彼女は，生活できる場所を求めて，母と二人で車での旅に出るのだった。排気ガスに悩まされながらも，ようやくテント生活を送れる場所にたどり着く。そこは標高千メートルの地点だったが，しかし，そこも安全な地ではなくなる。早苗の平穏な日常生活を奪い，彼女の命までをも脅かす化学物質過敏症とは，どのような病気なのだろうか。
> 化学物質過敏症は，何らかの化学物質に大量に曝露される，あるいは微量ではあるが繰り返し曝露されたことで発症するとされている。化

学物質への感受性は，個人差が大きいため，同じ環境であったとしても，発症する人としない人がいるし，また人によって現れる症状もさまざまである[3]。『いのちの林檎』に登場する別の患者紘司の場合は，教師に訴えても，「気のせいだ」とか「大げさだ」とされ，無理やり整髪料のにおいをかがされたり，理科の実験室で化学薬品のにおいをかがされたりと，周囲の無理解から症状が悪化していった[4]。

　化学物質にあふれた環境にあっても，早苗や紘司のように人との接触もできないような日常を送らざるを得ない者は少数である。しかし，彼（女）らを「少数」であるがゆえに，「異常」として切り捨ててしまっていいのだろうか。多くの人びとが化学物質に寛容性をもっていると同時に，多くの人びとが寛容性を失っていると指摘するドイツの環境病研究所医師であるクラウス・D・ルノー（2010）の発言のように，たとえば化学物質からなる香水を嫌なにおいとして避ける人たちも少なくないのである。むしろ，こうした環境にあっても何も感じることができない「多数」のほうが「異常」なのかもしれない，と考えることはできないだろうか。化学物質過敏症をめぐる状況が，目に見えない放射性物質の脅威を訴える少数の者を「不安を煽る」として非難する人びと，といった 2011 年 3 月 11 日直後から現在（2011 年夏）までの状況とどうしても重なってしまう。

✛ 新たな脅威

　2011 年 3 月 11 日以降，こうした化学物質の複合汚染から逃れられない私たちの日常に，新たな脅威が加わった。それは，放射能というにおいもないし色もないが，化学物質同様，着実に私たちの遺伝子を傷つける物質である。化学物質による汚染の怖さにいち早く警鐘を鳴らした海洋生物学者レイチェル・カーソンも，『沈黙の春』（1964：pp.59-60）のなかで，化学物質と放射能の相乗効果について

---

[3] 心因発症論に対する理論的批判に関しては，長年化学物質過敏症の研究と臨床での治療に取り組んできた石川哲が詳しく論じている（石川，2010）。
[4] 厚生労働省が 2009 年 10 月から「化学物質過敏症」を病名として登録することを決定したことは，病気への理解を促すうえで前進となった。

触れている。

　しかし，今回の原発事故に関するマスコミ報道を見る限り，複合的な汚染という観点は見えてこない。先に引用した『複合汚染』は，1974年10月14日から翌年の6月30日まで朝日新聞朝刊に連載されていた小説で，これを読んだ読者は「御用学者の言うこと，政府の決定，企業の広告などに単純にだまされない，強い基盤を持ったに違いない」(p.621)と，文庫版の解説のなかで，化学技術者でもあった文芸評論家の奥野健男は述べている。現在のマスコミにこうしたものを載せる気概が，はたしてあるのだろうか。3月11日以降，御用学者の解説や，「大本営発表」とも揶揄されている政府の見解をそのまま報道するメディアが多いのを目の当たりにすると，はなはだ心もとない。なぜメディア報道がここまで「まるく」なってしまったのかを多角的に分析する必要があるが，この章では，まず「公害」と「環境」というキーワードから探っていく[5]。

2　公害から環境問題へ

❖『公害白書』から『環境白書』

　1972年，『公害白書』は『環境白書』と名を変えた。1969年に最初に出されてからたった3年で「公害」の文字が表紙から消えたのである。この名称の変更は，「公害から環境問題へ」と時代の流れが変わってきたことを象徴している。1970年代を境に，「公害から環境問題へ」というスローガンのもとに，公害を発生させない環境を作り出すことの重要性や，地球規模といったマクロな視点での議論の必要性が認識されるようになったのだった。

　『環境学を学ぶ人のために』のなかで高橋正立は，「環境汚染が広

---

5) 本章は、科研費（21530553）の助成を受けた内容を含む。

範にわたる段階になると，加害者も被害者も特定しにくい状況が出て来て，問題はむしろ一般的な環境問題としてとらえられるほかなくなってきた」と述べている（高橋，1993：p.9）。確かに，広範囲に広がる汚染を考えるためには「環境問題」という視点は重要である。しかし，汚染の広がりと〈加害－被害〉関係のあいまいさとは直接的には結びつかないし，その関係が本当にあいまいかどうかも疑問である。むしろ，あいまいだと思わせる力が作用しており，その力がどのように働いているのかを探っていく必要があるのではないだろうか。炭酸ガスやフロン化合物の問題を例として取り上げ，「発生源が多数であることが強調されて，それが不特定であるとしてしばしば責任をあいまいにする理由に使われることが多い」が，こうした「地球環境問題において不特定多数の当事者を強調する動きは警戒した方がよい」と警告した宇井純（2000：pp.62-63）の言葉を忘れてはならない。

丸山徳次（2006：37）は，「公害から環境問題へ」というスローガンは，「もともとは産業界と行政権力によって先導されたものであって，現実の公害現象から目をそらさせるイデオロギー的効果をもったものである」と指摘している。丸山のこの指摘は，宇井（2007：pp.80-81）の次の言葉と符合する。

> 1980年代の末になって，地球環境の危機が国際政治の問題として議論されるようになったのには，はじめいささか奇異の念を感じさせられたものである。議論の旗振り役が米国のブッシュ大統領，西独のコール，英国のサッチャーといった，資本主義制度下の企業保護を政策の中心においた保守派の政治家であり，日本でも竹下，海部といった自民党の政治家であったことは，彼等が日本の現実の公害に対してとった挙動を考えてみると，あまりぴったり来なかった。

新自由主義を推し進めてきた政治家が環境問題に関する議論の旗振り役であるとの指摘は、産業界と行政が一体となって推し進める環境政策といった姿を明らかにしてくれる。

❖ 新自由主義と環境行政

新自由主義が掲げる柱は、「貿易の自由化」と「市場の自由化」であり、そのための具体的な政策が「規制緩和」である。「規制緩和」による環境行政の後退は、1973年の「公害健康被害補償法（公健法）」の制定直後から顕著となる（吉村, 2007）。1978年7月、国際的な貿易摩擦の解消策と、民間の公害防止投資の緩和および公共事業促進のために、政府は二酸化窒素の環境基準を2～3倍に緩和した。これによって、それまで全国の90％の地域で環境基準値を超える二酸化窒素の値が出ていたのに、こんどは同規模の地域が環境基準をクリアしてしまうというおかしなことが起こってしまったのだ。そして産業界は、この数値を盾に「空気はきれいになった。公害はなくなった」と主張し始めたのだという。1987年には、全国41の大気汚染公害指定地域が全面解除されるという公健法のさらなる改定がなされ、これ以降は、新たな被害者の認定が行われなくなった。この「改悪」が強行された要因として、弁護士の早川光俊は、政府が産業界の要求を受け入れたことを挙げている[6]。

このように、「公害から環境問題へ」というスローガンの背後には、負の側面があることを押さえておく必要がある。また、こうした流れを新自由主義という枠組みのなかにおいて考えることが大切であり（丸山, 2006）、これまでメディアがその問題を積極的に追及してきたかというと疑問である。

---

6) http://www.jttk.zaq.ne.jp/bacas400/inareki/kankyosi/030213resume.htm（アクセス：2013年3月26日）

3　政治・産業・メディアの三位一体

　福島第一原子力発電所の事故後のメディア報道に疑問をもった人たちが、政治家や産業界の有力者、メディアの癒着構造の一端を本やインターネット上に公開している。たとえば川村湊は、『福島原発人災記』(2011：p.207) のなかで、原子力産業の業界団体である㈳原子力産業協会会員名簿を載せ、多くの企業や、行政、マスコミ各社が名を連ねていることを指摘している。9 頁にわたる長いリストで、たとえば「ふ」の部分を見ると、「福井県、福井県原子力平和利用協議会、㈶福井原子力センター、㈻福井工業大学アイソトープ研究所、㈱福井新聞社、福井テレビジョン放送㈱、福島県、㈱福島民報社……」と続く。また、同団体の理事のリストには、マスコミ界から㈱日本経済新聞社社友の鳥井弘之の名が並んでいる。川村が指摘しているように、メディアの批判精神の欠如がこういうところからもうかがわれる。

　さらに、今回の原発事故後にインターネット上にアップされたもののなかには、「ジャーナリズムと原子力産業」と題して両者の人的つながりを示したものもあり、NHK をはじめとしたメディアと原子力産業界の「癒着」が見える[7]。ここで示されているデータは、1987 年に広瀬隆が書いた『危険な話』から引用されているもので、たとえば、当時の NHK の経営問題委員を務めていたのが東京電力会長であった平岩外四であり、毎日新聞設立発起人の 1 人が関西電力会長だった芦原義重であったなどという記載から、メディアと原子力産業界の「親密な関係」が読み取れ、その関係は今に始まったことではないことがわかる。そして、多額の料金を払い広告や CM 枠を買ってくれる電力会社のような大企業は、大手メディアにとっ

---

[7] http://twitpic.com/4d4v3f/full（アクセス：2013 年 3 月 26 日）

ては大事なスポンサーであり、そうした企業が事故や不祥事を起こしても批判的な記事が書きにくいという構図も、「親密な関係」が多分にかかわっているに違いない。

4 環境・ビジネス・広告

　原子力発電所は、これまでにもたびたび事故を起こしてきた。しかし、メディアでのそうした事故の扱いは概して小さいことが多かった。また、今回の福島第一原発事故以前は、そうした事故を起こしたからといって、広告やCMの自粛につながることはなかった。原発がクリーンで安全なエネルギーを供給している——今回の事故でけっしてそのようなことはないことがわかったはずだが——というメッセージが、繰り返し流されてきたのだった。原発事故が引き起こす重大な「公害／環境破壊」はこうして矮小化され、「環境問題」が前面に押し出されてきたのである。

　「環境問題」は、ビジネスとの親和性が高い。三上俊治と関谷直也（2007：p.184）は、1990年代から企業のなかで経済と環境対策が両立するものとの意識が徐々に強まったとし、「自社の環境対策や環境面を強調した商品をテーマとする広告」、つまり「環境広告」が増えてきたとする。三上と関谷はこうした流れをどちらかというと肯定的にとらえているが、むしろ批判的に読み解く視点を導入することの必要性をここでは強調しておきたい。たとえば、環境広告が語られる際に取り上げられることの多い「TOYOTA ECO-PROJECT」の一連の広告は、トヨタ自動車の企業としてのイメージの向上に一役買うと同時に、下請け企業への締め付けや派遣労働者の処遇問題といった企業イメージを損ないかねない要因から、オーディエンスの目をそらす効果を発揮するという一面がある。

　トヨタ自動車のこの広告が1997年に開かれた地球温暖化防止京

都会議の時期に合わせて発表されたことは,地球温暖化問題がビジネスチャンスを生むことを証明してくれている。東芝の星の王子様を使った一連の広告もその一つである。二次電池 SCiB™ の広告は,次のように呼びかける。「王子さま。／電気をもっと上手につかえば,CO_2 を大幅に削減することができそうです」[8]。環境を「売り」にすることが,消費者を呼び込むことにつながり,この企業がもつ別の側面,つまり東京電力福島第一原発のプラント主契約者の一つであるということを見えにくくするのである。

5 「エコ」から「公害／環境問題」へ

❖ 二分法からの脱却

「原子力発電は発電時には二酸化炭素を排出しません」という電力会社が放つメッセージ[9]に,これまで多くの人たちが乗せられてきた。二酸化炭素排出削減につながるといわれれば,大量の電気を消費し CO_2 を排出し続けてきたことに対してうっすらと感じていた後ろめたさを拭い去ることができる。したがって,自分が見たい,聞きたい情報のみを取捨選択してしまうという傾向と相まって,「発電時には」という重要な但し書きの意味を問うことを怠ってしまうのである(池田,2011)。発電の原料となるウラン鉱石の採掘から,電気が私たちのもとに送られてくるまでの間はどうなのか,原発が建設されてから廃炉になるまではどうなのかと見ていけば,実際は多量の CO_2 を排出し続けなければ存続し得ないのが原発というものであることがわかる。

---

8) http://www.toshiba.co.jp/env/prince/newspaper/09chapter3/index_j.htm(アクセス:2013 年 3 月 26 日)
9) たとえば,http://www.kepco.co.jp/gensi/teitanso/01.html(アクセス:2013 年 3 月 26 日)

「全体」を見ることから私たちを遠ざけ，「部分」にのみ目を向けさせようとするメッセージには注意を要する。国境などという恣意的な境を無効にし，動植物の移動や食物連鎖といった「全体」を視野に入れなければ解決の糸口さえつかめないのだとする視点を私たちに与えてくれたのが「環境問題」という考え方だったはずなのに，耳触りのいい「環境＝エコ」といったメッセージのみを受け入れてしまう日本社会の現状と，これはどこかつながっているように思える。そして，「島国で広域的な汚染を感ずる機会が少ないことから，身のまわりの公害と地球環境の悪化が別々のこととして受け取れられていること」（宇井，2007：p.81）ともそれは関連しているに違いない。つまり，〈公害＝ローカル／環境問題＝グローバル〉といった二分法からいまだに脱却できていないことが，ここに示されているのである。

　こうした二分法的発想が根底にあるからこそ，福島第一原発事故後の４月４日に，放射性物質を含む大量の汚染水を海に放出し，海外からも強い非難を浴びるという失態を演じてしまったのかもしれない。加害者であるチッソが，共犯者である国や県と一体になっておおぜいの被害者を生み出した「水俣病事件」の構図と重ねて今回の事故を考えることが重要であると同時に，被害は時空を超えて広がっていくのだというとらえ方がなされなければならない。それは，「局地の公害の激化と広域汚染」（宇井，2007：p.81）を同時に視野に入れることであり，「部分」を明らかにしたうえで「全体」を見通す力を養うことなのである。

❖ 予防原則と想像する力

　「全体」を見通す力とは，これから先何が起こるのか，そして起こり得ることにどう対処していくのかを考えることでもある。つまり，予防のための事前配慮も含まれているととらえられよう。1992

年の地球サミットで採択された「リオ宣言」には,こうした「予防的取組方法」が盛り込まれている。

> 環境を保護するため,予防的方策は,各国により,その能力に応じて広く適用されなければならない。深刻な,あるいは不可逆的な被害のおそれがある場合には,完全な科学的確実性の欠如が,環境悪化を防止するための費用対効果の大きい対策を延期する理由として使われてはならない[10]。

「「科学的確実性の欠如」が環境悪化の防止を延期する理由として用いられてはならない,という「リオ宣言」の主張は,予防原則の核心部分」であり,過去の「痛い経験」から学んだことが具体的な形となったものである(丸山, 2008:68)。

これから甚大な被害が広がることが明らかな福島第一原発事故においては,この予防原則を真剣に考えなければならない。さまざまな放射性物質による内部被ばくの症状が現れるのは,数年先である。であるとするならば,将来何が起こるのか想像力を働かせて,今何が必要とされているのかが議論されなければならないはずだ。しかしそうした議論は,少なくともメディア報道を見る限り行われていない。予防原則を踏まえたうえでのメッセージ,つまり起こり得ることへの想像力を喚起するようなメッセージを提供してくれることはない。

しかしそれは,私たちオーディエンス側の問題でもある。私たち自身が未来を見据えて,何が起こり得るのかを考え,それを考えるためのヒントとなるようなメッセージを望まない限り,作り手側

---

10) http://www.env.go.jp/council/21kankyo-k/y210-02/ref_05_1.pdf(アクセス:2013年3月26日)

の意識を変えることはできない。すなわち,「ただちに健康への影響はない」という原発報道で頻繁に耳にした体制側のメッセージをそのまま流すメディアへの異議申し立ての声が大きくならない限り,メディアと私たちの一種の「共犯関係」という悪循環が続いていくのだ。

❻ 「日常」から変革していくために

　想像する力の欠如は,被害の拡大を招きかねない。つまり,私たちはこのままでは「公害／環境破壊」の加害者になってしまうかもしれないのだ。

　福島第一原発事故後,「風評被害」という言葉がひとり歩きしている。「風評被害」に負けないよう,福島県産の農畜産物を買って被災地を支援しようという動きが広まっている。しかし,そうした動きを後押しするようなメディア報道に乗せられてしまっていいのだろうか。それがはたして被災地支援につながるのだろうか。むしろ私たちがやらなければいけないのは,何が「風評」で,何が「実害」なのかを見極めることではないだろうか。汚染された農畜産物や海産物を被ばくのリスクが高い子どもたちが食べるようなことがあってはならないし,本来は汚染の原因を作った東京電力が生産者に対し補償をしなければならないものを私たちが購入することによって原因企業を助けることになりかねないのではないか。

　筑波大学の構内に掲示されていたとされ,2011年6月の初めにネット上で話題になった図1-2のチラシは,「風評被害」の中身を考えることなく,大手メディアの言説に乗ってしまった例だといえる。「買い控えていない」学生は,このチラシを見て自らが「多数派」に属していることに安堵し,「買い控えている」学生は,「少数派」であることを確認させられる。「少数派」は,ますます自らの

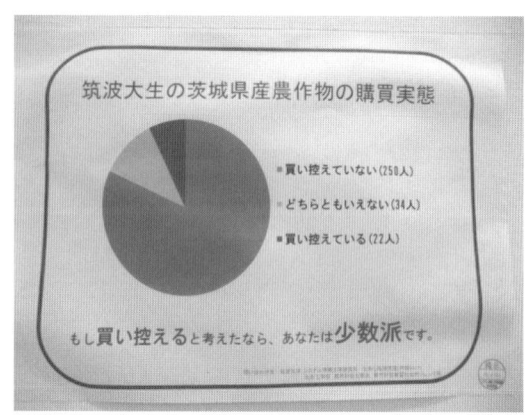

図 1-2 ネット上で話題となったチラシ[11]

意見を口にしづらい状況がこのチラシによってつくられ，孤立してしまうのである。あるいは，孤立を回避するために，「多数派」の意見を取り入れてしまうという行為に至るかもしれない。

私たちは孤立を回避しようとし，そのために多数派の意見を推定する傾向がある。そうした前提のもとに，世論形成がいかになされるのかを説明するのが，「沈黙の螺旋」理論である。少数意見が沈黙のなかに封じ込められる過程は，螺旋的に展開し拡大していく，とこの理論は説く。

多数意見が少数意見をさらに封じ込めていくと，どういうことが起こるのだろうか。しかも，その多数意見が間違ったことを前提に形成されているとすれば，どうなるのだろうか。ドイツの政治学者であったエリザベート・ノエル＝ノイマン（1997）が，「沈黙の螺旋」を理論化する過程で，ナチスの台頭を可能にしたドイツ社会の世論形成の様子が念頭にあったことは間違いないだろう。私たちは，歴史に学ぶ姿勢を忘れてはならない。

---

11) http://twitpic.com/59fviz（アクセス：2013年3月26日）

螺旋状に広がる沈黙の輪を断ち切ることは，いかにして可能なのか。そのために必要なのは，対話の場の創造なのではないだろうか。図1-2のチラシに対する懸念を表明する意見が，多数インターネット上にアップされたことは，その一つだといえる。

そしてその対話の場でどういった意見を表明するのかは，私たちがどういう生き方を望んでいるのかと密接に結びついている。あれほどの原発事故が起こり，放射性物質の拡散が食物連鎖を通して今でも広がり続けており，もはやその影響から逃れられない暮らしを強いられているにもかかわらず，以前と変わらない生活を営んでいる人たちが多いのはなぜなのか。これまで当たり前のように続いていた「日常」から一歩踏み出してみれば，そのことの理不尽さがはっきりするに違いない（池田, 2012）。

変革を恐れていては何も始まらない。これまでの「日常」から抜け出し，「当たり前」だと思っていた一つひとつを見直し，変えていかなければならない。いまや，変わらざるを得ない状況を私たちは生きているのだから。

●ディスカッションのために
1 「公害」と「環境問題」の相違点と共通点を整理してみよう。二つの言葉のイメージの違いについても考えてみよう。
2 「環境広告」を取り上げ，批判的分析を試みてみよう。そこから何が見えてくるのか読み解いてみよう。
3 沈黙の輪が螺旋状に広がっていく例を挙げてみよう。その輪を断ち切るには何が必要なのか具体的に考えてみよう。

引用・参考文献
有吉佐和子（1975）『複合汚染』新潮社。
池田理知子（2011）「ことばと支配」『よくわかるコミュニケーション学』板場良久・池田理知子［編著］, ミネルヴァ書房, 28-29頁。
池田理知子（2012）「「日常」を歩き続ける私たち―非日常のなかで立ち止ま

り，考える」『時代を聞く―沖縄・水俣・四日市・新潟・福島』池田理知子・田仲康博［編著］，せりか書房，235-254頁。

石川　哲（2010）「日本における化学物質過敏症研究の現況」『化学物質過敏症治療・研究の最前線』ダイオキシン・環境ホルモン対策国民会議・CSプロジェクト［編著］，NPOダイオキシン・環境ホルモン対策国民会議，6-10頁。

宇井　純（2000）「公害における知の効用」『越境する知3　言説：切り裂く』栗原　彬・小森陽一・佐藤　学・吉見俊哉［編］，東京大学出版会，49-72頁。

宇井　純（2007）『自主講座 公害原論の15年』亜紀書房。

奥野健男（1975）「解説」『複合汚染』有吉佐和子，新潮社，615-621頁。

カーソン, R.（1964）『沈黙の春』青樹簗一［訳］，新潮社。(Carson, R. (1962) *Silent spring.* Greenwich, CN: Fawcett.)

川村　湊（2011）『福島原発人災記―安全神話を騙った人々』現代書館。

高橋正立・石田紀郎［編］（1993）『環境学を学ぶ人のために』世界思想社。

ノエル=ノイマン, E.（1997）『沈黙の螺旋理論―世論形成過程の社会心理学 改訂版』池田謙一・安野智子［訳］，ブレーン出版。(Noelle-Neumann, E. (1980) *Die Schweigespirale: Öffentliche Meinung, unsere soziale Haut*, München; CH: R. Riper.)

広瀬　隆（1987）『危険な話―チェルノブイリと日本の運命』八月書館。

藤澤勇夫（2010）『いのちの林檎』いのちの林檎製作委員会。

丸山徳次（2006）「「公害から環境問題へ」はどう理解すべきか？―予防原則の必要性」『龍谷大学論集』**467**, 22-61。

丸山徳次（2008）「予防（事前配慮）の公共哲学」『龍谷大学論集』**472**, 67-94。

三上俊治・関谷直也（2007）「環境問題とメディア」『メディア学の現在［新訂］』山口功二・渡辺武達・岡　満男［編］，世界思想社，176-195頁。

吉村良一（2007）「環境法の生成と展開」『新・環境法入門―公害から地球環境問題まで』吉村良一・水野武夫・藤原猛爾［編］，法律文化社，3-31頁。

ルノー, K. D.（2010）「天然キレート剤（グルタチオン），ミネラル，ビタミンによる解毒」『化学物質過敏症治療・研究の最前線』ダイオキシン・環境ホルモン対策国民会議CSプロジェクト［編著］，NPOダイオキシン・環境ホルモン対策国民会議，24-39頁。

第2章

メディアと教育
メディアとしての私たち

　「メディア」は、「情報通信機器」を意味することもあれば、「報道主体」を含めた「マスコミ」全般を意味することもある。「情報通信機器」を意味する場合、それは「使いこなす対象」であり、利用者の利益に資する道具である。したがって、「メディア」を使いこなせるようにする教育こそが「メディア・リテラシー」を高めるという考えが広がった。教育現場に「メディア」を取り入れようという風潮も「メディア」が道具であるという考えが前提となっている。一方、「メディア」が「報道主体」を意味する場合、それは私たちに提供されるニュースなどの「発信源」を指すが、私たちの耳目に入るのは報道内容であり、その情報収集や編集作業の過程ではない。したがって、報道内容そのものが「証拠」であるという錯覚や思い込みを助長してきたようだ。つまり、本来「証拠」は〈発信源（報道主体）と受信者（私たち）〉という関係の外部にあるのだが、この関係の内部でコミュニケーションが完結してしまうのだ。

　本書のテーマである「公害」における「証拠」も、〈マスコミと受信者〉という関係の外部にある。それは、事実情報を管理する企業や認定被害者のみならず、取材されない当事者や潜在的被害者を含む人びとの身体や精神、記憶に存在する。本章では、〈マスコミと受信者〉という閉ざされた関係の外部を意識する初動段階として、〈私たち自身がメディアでもある〉という認識の有効性を論じる。なぜなら、そのような認識こそが、私たち自身がマスコミの「向こう側」を想像し、そこへ実際に歩み寄り、知り、発言するための公共性を高めるメディア・リテラシー教育に求められることだからである。

1 はじめに

❖ 霊媒師たち

> シバの悪霊がさけんでいる!!
> このクラスの全員をのろう!!
> みんな右腕がしびれてうごかないっ!!

これは1970年代に流行したマンガ『うしろの百太郎』の霊媒シーンである（つのだ, 1996）。このマンガはそれ以降のオカルトブームに火をつけたとされるが、ここで重要なのは、霊媒のような超常現象が一定の人びとを夢中にさせるのはなぜかという問いではない[1]。むしろ、私たちのなかに霊媒師のような能力をもっていそうな人びとを存在させておく意味が何であるかが重要な問いである。

私たちは「自分たち」と違う人びとの異質性について語り合うことで、「自分たち」の同質性を知らぬ間に黙認している[2]。霊媒を信じない人であっても、霊媒師という「異質な」人びとが存在することを暗黙することで、「霊媒師ではない私たち」という同属感覚を知らぬ間に内在化させている。

**図2-1 うしろの百太郎
—心霊恐怖レポート2**
（つのだ, 1996）

このように、「私たちと違う霊媒師」を他者化することで、私たちがあたかも自分の考えを自分の言葉で語っているという自己像を維持している。霊媒師は自分とは別の誰かの思いを媒介するが、私たちは自分自身の思いを口にする

---

1) この問いへの認知科学的説明は菊池聡（1998）が参考になる。
2) 他者との関係において自己を認定するプロセスを平易に論じたものとして、鷲田清一（1996）を参照せよ。

という暗黙である。しかし、本当にそうだろうか。

❖ ツァイトガイスト：時代精神

　実際、私たちは皆、霊媒師のようなものでもある。

　私たちは人生においてさまざまなことを学ぶ。それは広義の教育である。こうした教育を通じて私たちは、学んだことを紡ぎながら発話を繰り返していく。モノや概念の名前や意味を教わり、社会的に適切な言語表現や身体表現を覚え、真善美に関する意見を述べるようになる。それは、最初は自分の外側にあったものを自分に宿していくプロセスであり、換言すれば、長い年月をかけて霊魂を宿していく行為である。

　したがって、たとえば、私たちはツァイトガイスト（Zeitgeist,時代精神）について語れるようになる。「昔と違って現代の価値観は云々」という具合に。「精神」を表すドイツ語の「ガイスト」が英語の「ゴースト」に対応することからもわかるように、私たちの口をついて出てくる時代精神とは一種のゴーストである。私たちは、この時代に代わって、そのメディア（媒体）として、それが何であるかを語っているのである。

❖ メディアは道具ではない

　問題は、私たちもメディアであるという自覚がないことである。この無自覚さは、メディアとは自分たちのことではなく、自分たちが利用する道具(ツール)であるという認識に起因する。

　この認識は、伝達手段の技術革新と共に拡散したが、その結果、最も基本的で強力な「言葉」というメディアの捉え方までをも変えてしまった。それは、言葉を電話機のような伝達手段と同列のツールと捉える思想であり、「言葉はコミュニケーションの道具(ツール)である」といった表現で流通するようになった[3]。しかし、私たちが言葉を

使うとき，そこには自分自身が作ったものではない意味（魂）が過去から引き継がれており，それを私たちの発話が仲介・中継しているともいえるのだ。そして，霊魂が交霊術によって変質し得るように，言葉の意味も仲介・中継を通して変化し得る。青沼智（2010）は次のように述べる。

> 「人間」において何度も言及・引用（citation）されてきたことばには，そこに「住む」先人の意図・意思そして歴史が蓄積されている。そして私たちは，時にことばを介してそういった先人の力を譲り受け，大きな仕事を成し遂げることも可能だ（p.43）。

❖ 傍観者から能動的行為者へ

「私たちはメディアではなく，メディアの利用者だ」という認識は，環境問題をはじめ社会で起こるさまざまな問題をメディアが報じる登場人物のみに起因させ，メディアという主体に責任を取らせようとする傍観者の姿勢を助長してきた。

これを問題とする本章では，メディアが伝達のための道具であると「教育」された私たち自身もメディアであるという視点を導入し，それが今後のメディア教育にも求められる根拠の輪郭を示せればと思う。この目的を視野に，メディアと対置する私たちを単なる受信者としてではなく能動的行為者として定位させつつ，いくつかの事例の再解釈を行う。そして，この事例解釈を通じて，マスコミの道徳観や私たちのメディア活用術のみならず，私たち自身の発話行為を促すメディア教育の可能性について考えてみたい。

---

3)「ことばはコミュニケーションの手段である」という思想は社会言語学的にも批判されている（田中，1993）。コミュニケーション研究における言語道具論批判については板場良久（1999）を参照せよ。

2 公共広告の非公共性

❖ 東日本大震災直後の「公共広告」

　「こころ」はだれにも見えないけれど「こころづかい」は見える。「思い」は見えないけれど「思いやり」はだれにでも見える。その気持ちをカタチに。

　これは，公共広告活動を行う AC ジャパンの CM の一つに出てくるコピーである[4]。2011 年 3 月 11 日に起きた東日本大震災以降の約 2 週間，通常の企業広告がテレビの画面から消えた。その「穴埋め」として，上記のものを含めた AC の「公共広告」が数多く放送されたため，テレビで震災情報を得ようとした視聴者の耳目に否応なしに焼きつくものとなった[5]。

　この期間に私たちが見た AC の広告は，当初，数編の既存映像であったが，このうち子宮頸がんワクチン接種を促したものが途中で姿を消し，急きょ制作された数編が新たにローテーションに加わった。この時期にテレビで放送された主な AC 広告のコンセプトは「思いやり」「こころづかい」「手当て」「やさしさ」「ひとりじゃない」「応援」「節電」といった個人レベルでできることをしようというものであった。

　これらの AC 広告に表現された道徳観は見知らぬ他者の苦境をも想像することが求められる現代の共生社会において大切なものであ

---

4) これは宮澤章二（2010）の詩「行為の意味」をベースにしたキャッチコピーである。
5) CM 総合研究所（2011）によると，震災後の 15 日間はテレビ CM の 8 割以上が AC の CM であったが，その後，徐々に通常の CM の数が増え，5 月には AC の CM が全体の 1％未満となった。

ろう。しかし，これらが「公共広告」であることを踏まえると，このメッセージの公共性については疑問も残る。一人ひとりが個人的にできる「善意のカタチ」を見つけ献身的な行為をすべきだという道徳とは別次元で——しかしそれと関係づけられながら——公共性のテーマは議論されるものだからである。したがって，ここでの問いは，人助けをするこころが芽生え実際に手を差しのべた若者を自分のあり得べき姿として称賛し，自分も実際に募金をすることで何かしたのだと自認する行為ははたして公共的かというものとなる。

❖公共性とは何か？

たしかに，個人レベルでできることは多くの人びとに開かれたものであろうし，その価値は多くの人びとが共有するものに違いない。けれども，斎藤純一（2000）が指摘するように，公共性が担保されるためには，それと対立する価値や意見を覆い隠すものであってはならない。なぜなら，公共性とは「複数の価値や意見の〈間〉に存在する空間」だからである。また，「思いやり」を実行することによって自己が他者とつながった感覚をもてたとしても，公共性は人と人との直接的な（im-mediate＝無-媒介な）結びつきを意味しない。

むしろ，「人びとの間に生起する事柄，人びとの間に生起する出来事への関心」が公共性である。粗い比喩で言い換えれば，私的場所をつなぐ「公道」での問題が公共的な思考や行為の対象である。

ある行為が感謝されたとき，感謝する側と感謝される側という対人関係が成立し，そこから美談も派生する。しかしそれは公共的課題が解決したことを必ずしも意味しないのである。

ACの「公共広告」で杖をつきながら長い階段をのぼる老婆に手を貸

図2-2　公共広告の一コマ

す場面はたしかに美しいが，それとは別に，高齢者が社会生活を営むための動線と導線に関する問題や解決策，責任の所在といったことを議論するほうが公共的であろう。

　ACの「公共広告」は，また，妊婦に席を譲る場面を描いた。しかし，明らかに妊婦に見える安定期の妊婦よりもそれ以前の悪阻の時期のほうが辛いことがよくある。したがって，見た目には妊婦と判らない女性に席を譲ることの難しさや妊産婦を取り巻く医療や生活の具体的な問題について議論していくほうが公共的であろう[6]。あるいは，私たちが「公共広告」に登場する有名人たちに共鳴し自分もできることをしようと考え，募金をすることは善意の表明であるが，それとは別次元において，義援金の収集・流通・分配方法と実情について関心をもち発言しようとするほうが公共的であろう。

❖私たちの語りが新たな可能性を開くとき

　AC広告を無批判に受容・称賛するとき，その私的美談に描かれた主人公たちは私たちのあり得べき姿あるいは自己投影であることを意味する。一方，それとは別次元で私たちが思考し発話するとき，それはACが用意してくれた道徳的位置とは別の立ち位置から新たな語りを展開しようとすることを意味する。そして，私たちが私的美談とは別の語りを展開するとき，私たちは最早メディア・メッセージを消費する個人ではなく，私たちの語りが新たな可能性を開くメディア（媒介者）となるのだ。

---

6) このような問題に対応する対策として現在,「マタニティマーク」のついたキーホルダーなどが母子手帳の利用者に配布されているが，その普及と効果に関する検証が待たれると同時に，妊産婦と公共交通機関の利用関係に関する改善策についても考えていく必要がある。

3 アンパンマンのマーチ

❖勧善懲悪論理の前提を問う

日本でポピュラーなアニメ『それいけ！ アンパンマン』の主題歌『アンパンマンのマーチ』には「アンパンマン」「みんな」「敵」が登場する。実際のストーリーには「ジャムおじさん」「バタコさん」などの「アンパンマン」寄りの脇役や「ばいきんまん」「ドキンちゃん」「かびるんるん」などの敵役が登場し，毎回異なる展開をみせる。しかし，そのプロットは「アンパンマン」が「敵」から「みんな」を守るという勧善懲悪の論理で成り立っている[7]。

このようなプロットの道徳観を批判するのは容易である。たとえば，アンパンマンが自分の顔をちぎって困った人に分け与えるパターンは弱者救済の自己犠牲を美化するものだといった批判がそうである。しかし，そのような批判はここでの目的ではない。ここでは，むしろ，このプロットの意味が成立する三つの前提について考えてみたい。

❖閉じた検討過程

前提の一つは，「アンパンマン」が「みんな」にとって何がありがたいことであるかを知っていること，および「アンパンマン」にその判断ができることが暗黙の了解となっていることである。つまり，真偽・善悪・美醜に関する検討過程が「みんな」に開かれているのではないのである。判断・結論は予め決まっており，プロットはそれを実現していく過程を活写する役割を果たしているだけである。したがって，「みんな」のなかに「アンパンマン」の行為に疑

---

7) ここでの「勧善懲悪」とは，このアニメ作品に敵味方の二項対立しかないという意味ではない。たとえば，「ホラーマン」などは「ばいきんまん」側と「アンパンマン」側の両方に身を置く。ここでいう勧善懲悪とはプロットの典型的な展開を意味する。

問をもつ者はほとんどいない。

✤「みんな」の願いが同じである

　意味成立の第2の前提は,「みんな」の想いや願いといったものが安定して存在していることである。つまり,「みんな」のなかで意見や考えが割れていないのはもちろんのこと,「みんな」が一様に大切にしているモノや考えが何であるかを明確化するために,あえてそれが脅かされるような展開になっているのだ。たとえば,「フラワーひめ」の登場するエピソードでは,花を大切にする「みんな」が共有する想いが,世界中の花から元気を奪おうとする「ばいきんまん」によって脅かされる。これは,花は美しく大切にするものだという価値を子どもたちに教えるだけでなく,それを通じて「みんな」の願いが同じであるという前提も受容させている。

✤「敵」の存在

　この同質な「みんな」を脅かす存在,すなわち「敵」を存在させておくことが第3の前提である。つまり,「敵」すなわち「ばいきんまん」らを根絶させないことがプロットの意味生産を持続するうえで重要な前提条件となっている。さらにいえば,「アンパンマン」のストーリーは「敵」を必要とさえしているし,誇張的にいえば,「敵」を愛してさえもいるのである。「アンパンマン」の善性および「みんな」の同質性を確保するために,どうしてもそれと相対化される悪性や異質性を示す「他者」としての「ばいきんまん」らが必要不可欠なのである。したがって,「みんな」の共同体で平和が維持されるためには,「敵」の策略が成功しない程度に「敵」を遠ざける努力をしておけばよいことになる。実際の世の中から根絶することのないバイキンがモチーフとされているのは,このような意味からであろう。

❖ユートピアから私たちの社会を考える

　以上の三つの前提を確認すると,「アンパンマン」によって守られる「みんな」という集団が価値や利害による内部対立のないユートピア的な共同体であることがわかってくる。そこに暮らす「みんな」にとっての問題は「外患」のみであって,「内憂」は存在しない。「みんな」のなかでは論争もなければその余地もない。「みんな」の生活圏に入り込んで悪さをしようとする「敵」の悪質かつ異質な行動を食い止めることに専心しておけば社会は安定した共同体でいられるという前提が含意されているのだ。

　問題は歴然としている。『それいけ！ アンパンマン』の共同体は私たちの社会の縮図ではないということだ。たしかに,衛生管理の言説に基づいた現在の抗菌志向はバイキン退治の物語と親和性が高い。しかし,自分たちの問題を議論し合わない「みんな」は私たちの姿ではないし,「花」だって回復していない。世界の「花」は汚染され,枯れ,消滅したものも多くある[8]。私たちの世界では,公害問題が繰り返し起こっており,発生源への関心を含めた問題意識をもちながら発話しないわけにはいかない。このような状況下,私たちの正義が何であるかを特定のヒーローの主観に委ねることはできないはずだ。私たち自身が起こし進めていくコミュニケーションのなかで正義は議論され,その都度,了解されていくものである。私たちのなかに「アンパンマン」などいない。「みんな」のように一枚岩ではない私たちは安定的で協和的な住環境のなかで暮らしているわけでもない。私たちはさまざまな問題を具体的に議論し調

---

8) これについては,ベトナム戦争の後遺症に苦しむ人びとの姿を描いた『花はどこへいった』(坂田, 2008) や放射能汚染に警鐘を鳴らす花栽培農家らの声を仲介した『六ヶ所村ラプソディー』(鎌仲, 2006) などのドキュメンタリー映画が参考になる。

整していく仲裁者であり，さまざまな考えを提示していく媒介者である。私たちが「メディア（仲裁者や媒介者）」なのであり，単なる「アンパンマン」の「消費者」ではないのだ。

4 タイガーマスク運動

❖マスクが明らかにしたもの

英語の「マスク」には「覆い隠す」という意味があるが，「マスク」が何かを明らかにすることもある。2010年の年の瀬に起きた「タイガーマスク運動」の発端となった「伊達直人」という偽名によるランドセルの寄付行為は，寄付者の本名を隠したが，いくつかのことを明らかにすることにもなった。

たとえば，マス・メディアの報道が一斉にこれを取り上げたことによって，『タイガーマスク』が放送されていた頃から数十年経った今もなお存在する孤独な児童たちの苦境があらためて浮き彫りになった。また，このような珍しい寄付の手段により，「なぜ，いつもの「歳末助け合い」では不十分なのか」といった問いも出され，それを契機に，現行の寄付システムが不十分である可能性についても再想起させてくれた。

❖キャラクターの公共性

しかし，「伊達直人」の「タイガーマスク運動」は，もう一つ重要なことを明らかにした。それは，このアニメの「伊達直人」という「キャラ」を「マスク」として装着したうえでの寄付が，私的行為を超えた公共性をもったという側面である。斎藤環（2011）によれば，これは匿名での私的寄付行為ではない。多くの人びとが知っている「キャラクター」として行った行為である。

もちろん，こうした寄付行為は「偽善だ」とか「自己満足だ」と

か,「相手への配慮不足だ」といった意見もあった。しかし,もしこれが,人知れず話題にもならない形で行う私的寄付であったなら,こうした公の議論を喚起しなかったであろう。斎藤は続ける。

> 　人には悪意と同じくらい,やみくもな善意への衝動がある。そう,偏った形でしか発揮され得ない善意というものがあるのだ。この種の善意を萎縮させるには「フェアに」「公平に」「適切に」と言い続けるだけで十分である。［…中略…］
> 　個人名でのランドセル寄付は,どこか気恥ずかしい。もし報道されたりしたら,世間にはやっかみ半分でたたく人も出てくるだろう。だから実名は出したくない。さりとて匿名では寄付の事実が埋もれてしまう。どうせなら自分の善意になんらかの形を与え,痕跡を残したい。
> 　そのように考えた時,「伊達直人」というキャラになりきることは,実名と匿名のちょうど中間の選択として,まことに格好のアイデアだったのだ（斎藤,2011）。

「伊達直人」という知名度のある「キャラ」として寄付行為を行ったとき,その行為は最早個人を超越した公のものとなる。なぜなら,「伊達直人」という「マスク」は公衆の知るものだからである。また,そもそも「マスク」は自分が見るものである以上に他の人びとが見るものである。「伊達直人」という「マスク」のキャラを通じて人びとは行為の意味を理解しようとしたのだから。

❖「マスク」を着けかえる私たち

　本名ではなく「伊達直人」を名乗っての寄付行為。これが善意か偽善かを決定することはここでは重要ではない。
　「タイガーマスク運動」から私たちが学ぶべきことは,私たちも

「マスク」を着けた行為者だということだ。私たちは，身を置く関係によって「マスク」を着けかえる。それはジェンダー（文化的性差）であったり，学校での身分であったり，家庭や職場での役割であったりする。1人の人間であっても複数のアイデンティティをもっており，それを使い分けている。「マスク」を着けて公になるような行為をすることが偽善なのであれば私たちもまた偽善者であろうし，その逆もまた然りであろう。善意であろうとなかろうと，私たち人間は何らかの「仮面」を着け特定の「キャラ」を醸し出しながらコミュニケートする存在なのである。

❖ペルソナ

「人間」を英語で「パーソン」というのは知られているが，「パーソン」が「仮面」という原義をもつことは知られているだろうか。「パーソン」と同じ語源をもつ「ペルソナ」が演劇の「登場人物」を意味することからも，「パーソン」とは「仮面」を着けた存在であることがわかる。役者がその役柄によって「ペルソナ」を着けかえるように，私たちは人間関係における「キャラ」に合った「パーソナリティ」を着けかえる。

このように考えると，「パーソン」とは「個人（individual ＝ 切り分けられた最小単位）」を指すのではなく，自己と他者をつなぐもの，あるいは自己が他者に理解される手掛かりを意味することがわかる。したがって，「パーソナル」なものは社会的なものでもあり，純粋に「個人的」なものとして捉えてはならない。「パーソン＝仮面」は，自分が見るものである以上に，周囲が見るもの，公衆に見せるものだからである。

あるポピュラーな「キャラ」として寄付をしようとする自分が「本当の自分」であるかどうかは問題ではない。その行為が何を公衆の認識にもたらそうとするものであるかが重要である。「タイガ

ーマスク運動」における「伊達直人」という「パーソン」は，親から隔離され，もしかしたらランドセルさえも買えない暮らしを強いられている児童たちが存在している可能性について考えさせてくれた。また，通常の寄付の流れや分配システムが十分であるかどうかについての疑問を私たちの認識に媒介（メディエート）する役割を果たした。そして同時に，このことは私たちに一つの問いを投げかけた。それは，私たちはどのような「パーソン＝仮面」として，どのような行為をし，どのような議論を起こしていけるのかという公共的な問いであった。したがって，マス・メディアが報じた一連の寄付者の意図が自己満足あるいは偽善かどうかなどを決めている場合ではないのだ。

5　『宇宙戦争』事件

❖受信者に対する二つの道徳的語り

　私たちをテレビの視聴者やラジオの聴取者として位置づけるとき，それは私たちが「受信者」すなわち受け身であることを意味する。このような位置づけは，主に二つの道徳的語りと結びつきやすい。一つは，私たちはマス・メディアの影響を受けやすく，したがって，マス・メディアの言うことを鵜呑みにするなというメディア教育論である。

　もう一つは，マス・メディアはその影響力と公共性を自覚し常に自己点検すべきだというメディア責任主体論である。そして，いずれの語りも，ラジオやテレビといった電波媒体がもたらした群集パニックの歴史と深い関係がある。ここでは，この歴史の従来の語られ方とは別の分析を提示することで，新たなメディア教育への手掛かりを探る。

図 2-3 群集パニックを報じる当時の新聞記事 (New York Times, 1938)

❖『宇宙戦争』事件

　電波媒体と群集パニックの歴史において最も古く有名な出来事は 1938 年 10 月 30 日に起きた『宇宙戦争』事件である。これは米国 CBS ラジオ放送ネットワークがハロウィン特番として放送した，オーソン・ウェルズ朗読によるラジオ・ドラマ『宇宙戦争』[9] が発端となった事件である。このラジオ・ドラマの多くの時間に「緊急ニュース」がストーリー展開とは無関係に挿入され，そのなかで火星人が米国に侵攻し始めたことを「学者」の意見を交えながら放送したため，多くの聴取者がそれを事実と思い込んで恐怖に陥り，全米で群集パニックが起きたとされるものだ[10]。

❖既存の解釈

　この事件について語る方法は主に二つある。一つは，従来のマスコミュニケーション・モデルを想定したうえで展開するマスコミ責任論であるが，これは聴衆心理に関する言説を挿入させながら，発信者としてのマスコミと受信者（消費者）としての大衆の両者に警鐘を鳴らすものである。この立場をとった場合，マスコミュニケ

---

9) 原作は 1899 年に出版された H. G. Welles (2005) の *The war of the worlds*。
10) 当時の新聞各紙が報じたほどのパニックはなかったとする説もあるが，ここではパニックに陥った証言者やその目撃者が登場する BBC 制作のドキュメンタリー映像 *Days That Shook the World*, Vol. 30 に基づいた立場をとっている。

ーション・モデルにおけるメッセージの始点（発信源）がマス媒体であることから，『宇宙戦争』事件の責任主体はラジオ放送局や番組制作者であるオーソン・ウェルズ一派となる（したがって，彼は事件直後に記者に囲まれ説明を求められた）。また，聴衆心理の立場からは，当時の国際情勢からくる危機意識がパニックの情況的要因となった可能性を無視できない。たとえば，ヒトラー率いるドイツ軍が米国に攻めてくるかもしれないという観測がこの事件の直前に流れていたことが原因で，既に怯え始めている人びとがいたことに注目することになる。

❖ラジオの聴取者の行為が何を意味するのかを考える

しかし，これとは別の立場でこの事件について語ることも可能だ。それは，多くの人びとを「誤解」させたラジオ側の責任論や大衆の危機意識とは別次元で議論することである。たとえば，虚構を真実と思い込みパニックを起こしたラジオの聴取者の行為が何を意味するのかを語ることである。つまり，聴取者に行為の主体性をもたせる語り方である。この立場は，「何かに動かされるもの」としての聴取者心理を理解しようとするのではなく，むしろ，その心理が意識できない聴取者行為の意味を捉えていこうとするものである。これにしたがえば，「宇宙戦争」事件は次のような話としても捉えることができる。

まず，この事件は，当時普及し始めたラジオ媒体に予め備わっていた力が大衆をパニックに導いたという因果律で説明されるものではない。むしろ，多くの聴取者が「パニック」という事態を自ら引き起こしたことがラジオ媒体に力を与えた事件である。当時のラジオの影響力の有無は聴取者次第だからである。したがって，マス・メディアに扇動力が備わっていたとする主張は後づけである。そうであるならば，パニックの要因を別のところに求めなければならな

い。そこで，パニックを起こした聴取者が逃げ惑う行為が果たす役割が何であるかを考えてみると，いくつかの可能性が浮上する。

❖聴取者が逃げ惑う行為が果たす役割とは何か

　たとえば，「エイリアン」（この場合「火星人」）に侵略される「アメリカ人」を無意識に演じることで，自分たちが「エイリアン＝外部からの侵入者」である可能性を抑圧できる。つまり，パニックを起こした「アメリカ人」は広大に点在する先住民の土地に外部からやってきた欧州系「エイリアン」の子孫である。そして，自分たちの祖先こそ「エイリアン」であることを他者（「火星人」）に投影することで自己の部外者性を隠蔽しているともいえるのだ。パニックを起こすことで「侵略された被害者的自己」を無意識に表現し，「侵略者の子孫である自己」を抑圧できるからである。

　あるいは，「自然」としての「地球」に対置する「文明人」のパニックと捉えることも可能だ。これまで「文明人」は，自然資源を利用（破壊・搾取）しながら，富と幸福を追求する手段としての科学技術を信じ，その進歩にかかわったり是認したりしてきた。その結果，一部の人びとの豊かさと多くの貧困そして公害がもたらされ，「文明人」の生活および身体を汚染してもきた。近代科学は，また，戦争における大量破壊兵器をもたらし，科学技術が想定できない（あるいは想定するのを忘れた）「事故」と呼ばれる「事件」を起こしてきた。このような情況下，「文明人」は科学的に未知なるものへの恐怖を「便利でありがたい」科学技術の是認によって抑圧してきたが，その是認責任の重圧は重く，「事故」が起こるたびにその責任主体を自分以外の誰かに見出してきた。

　侵略的で破壊的な「エイリアン」とは，実はパニックを起こした自分たちの自己のおぞましき一部である。そのおぞましさを「火星人」という対象に投影することで，自分たちを侵略的で破壊的な行

為の被害者として主体化（主題化）し，未知数のある科学技術を是認してきた加害責任の一端を担う重圧から逃れることができたのかもしれない。

❖行為媒体性を奪わない語り方の重要性

もちろん，このような解釈は科学的ではないが，聴取者をラジオ番組に反応する客体として捉えない点で無意味ではない。また，それ以上に，恐らく聴取者自身も気づいていない意味を彼（女）らの行為が媒介してしまっているという点も示すことができる。

このような語り方，すなわち私たちを客体（受動的反応体）ではなく主体と捉えたうえでの事象解釈は，主体から「行為媒体性」を奪わない語り方として注目されている[11]。総じて，この事件の聴取者がそうであったように，マス・メディアと向き合う私たちの行為もまた意味を生産したり媒介したりするメディアとなる。このような視点に立ってはじめて，「世の中を動かすマスコミと動かされるオーディエンス」という構図から抜け出すことができるのだ。

6 おわりに：今後のメディア教育について

❖私たちの立ち位置

ここまで，「公共広告」「アンパンマン」「タイガーマスク運動」「『宇宙戦争』事件」の事例解釈を通じて，私たちの立ち位置をマス・メディアの「受信者・消費者」から「発話し意味を（再）生産する媒介者・仲裁者」へと移動させてきた。

この移動は，これまで公共的だとされてきたことの疑わしさやパ

---

11) 主体に「行為媒体性（agency）」を認めたうえで体験について分析する重要性を唱えたものとしてScott（1991）がある。

ニック行動が覆い隠す後ろめたさ，あるいは個人行動の善性評価に傾注することでかき消されてしまう社会問題の存在にスポットライトをあてることを可能にする。これを平たくいえば，私たちの存在を，茶の間の「私人」としてではなく，多様な人びととの間に存する問題を考え発話する「公人」や「市民」として捉えることを先行させる試みである。

しかし，これまでの「メディア・リテラシー」とは教育現場でのメディアの活用術やメディア端末の技術的利用法，あるいは米国発の大衆メディア文化を低俗なものとして批判できる力などを意味するものであった[12]。したがって，そこでの私たちの立ち位置は「活用者」「利用者」「批判的に反応できる受信者」であり，私たち自身の思考と発話行為が新たなコミュニケーションを展開する媒介（メディア）になり得ることが十分に反映されたものではなかった[13]。また，そうした捉え方は，「私たちはメディアではなく，利用者あるいは受信者（影響される人）だ」という認識を維持してきた。そしてそれは，「私たちは霊媒師ではない」という認識と大きな差はない。

❖霊媒師＝メディアとしての私たち

英語で「霊媒師」のことを「メディア」という。それは，本人の声とは別の声を媒介するからである。しかし，私たちは皆，自分が生まれる前からある言語などを用いながら価値観や意見を形成し，コミュニケーションに参加するメディアなのである。自分のな

---

12) これについては水越伸（2009）の概説が参考になる（pp.162-163）。
13) ただし，前掲の水越（2009）は，昨今の市民教育の進展やオルタナティブ・メディアの展開などを例に引きながら，「課題は多いものの，いまだにマスメディア批判と教育的雰囲気の強い英米にくらべて，［日本は］時代の変化によりダイナミックに適応していける可能性を秘めている」（pp.164-165）と述べている。

かだけから純粋に湧き出てきた考えなどない。個人的体験であっても，先人から引き継いだ言語などを用いながら体験の断片を紡ぎ合わせ他者に伝わる体験談を作る。したがって，個人的体験であっても，それは純粋に直接的（im-mediate＝無媒介）な体験であるはずはなく，媒介された（mediated）ものである。

逆にいえば，私たちは自分個人の体験でなくても，だれかの苦境を媒介することができるコミュニケーターでもあるのだ。そのようなコミュニケーターを「メディエーター」として捉えることが今後のメディア教育で求められる。たとえば，それは，「当事者」でなくても「当事者性」をもって「当事者」になりきることができるという認識や，「体験者」でなくても「語り部」になることができるという認識をもたらすであろう[14]。

私たちは「霊媒師＝メディア」である。過去からの声や離れた土地からの声をも宿し伝えていけるメディアでもあるのだ。したがって，問われるべきは，公人でもある私たちが，いかなることを「メディエート」しながらコミュニケーションに参加するかである。

●ディスカッションのために
1 「受信者・消費者」と「媒介者・仲裁者」の相違点と共通点を整理してみよう。二つの言葉のイメージの違いについても考えてみよう。
2 「行為媒体性を奪わない語り方」はどうすれば可能なのか，話し合ってみよう。
3 霊媒師がなぜメディアなのか，そして，私たちはなぜ「霊媒師＝メディア」なのか，具体的に考えてみよう。

---

14) これについては池田理知子（2011）の論考が参考になる。

引用・参考文献

青沼　智(2010)「自分のことば,他者のことば」『よくわかる異文化コミュニケーション』池田理知子[編著],ミネルヴァ書房,42-43頁。

池田理知子(2011)「「語り部」というメディア」『よくわかるコミュニケーション学』板場良久・池田理知子[編著],ミネルヴァ書房,36-37頁。

板場良久(1999)「「機械」としてのコミュニケーター──近代コミュニケーション論再考」『先端的言語理論の構築とその多角的な実証,COE形成基礎研究費08CE1001・研究成果報告(3)』

鎌仲ひとみ(2006)『六ヶ所村ラプソディー』グループ現代。

菊池　聡(1998)『超常現象をなぜ信じるのか』講談社。

斎藤純一(2000)『公共性』岩波書店。

斎藤　環(2011)「時代の風:タイガーマスク運動」『毎日新聞』1月23日付朝刊,〈http://mainichi.jp/opinion/news/20110123ddm002070075000c.html, http://mainichi.jp/opinion/news/20110123ddm002070075000c2.html (アクセス:2013年4月17日)〉。

坂田雅子(2008)『花はどこへいった』シグロ。

CM総合研究所(2011)5月25日「テレビとテレビCMのあり方──震災後のテレビCM考察」『CM総研フォーラム2011』〈http://www.cmdb.jp/service/pdf/release2011_spring.pdf (アクセス:2013年3月26日)〉

田中克彦(1993)『国家語をこえて』筑摩書房。

つのだじろう(1996)「コックリ憑依篇」『うしろの百太郎──心霊恐怖レポート(2)』講談社,第6章,331頁。

水越　伸(2009)「メディア・リテラシー」『よくわかるメディア・スタディーズ』伊藤　守[編著],ミネルヴァ書房,162-165頁。

宮澤章二(2010)『行為の意味──青春前期のきみたちに』ごま書房新社。

鷲田清一(1996)『じぶん・この不思議な存在』講談社。

BBC (2004) *Days that shook the world*. Vol. 30.

New York Times (1938) Radio listeners in panic, taking war drama as fact. Oct. 31.

Scott, J. W. (1991) The evidence of experience. *Critical Inquiry,* **17**, 773-797.

Welles, H. G. (2005) *The war of the worlds*. New York: Penguin.

第3章
メディア・リテラシー再考
物語と現実のはざまで

原発と村 Vanishing Village（郡山, 2011）

　東北をめぐって，さまざまな言葉とイメージが，メディア空間にあふれている。その多くは，地域再生の物語だ。困難を乗り越え，未来へ向けて一歩を踏み出す「復興」の物語は耳触りがいい。だが，と私はそこで立ち止まってしまう。

　それは本当に東北が語りたいことなのだろうか。それともそれは，私たちが聞きたいと心のどこかで思っている「東北」の物語なのだろうか。実は，それこそが，原発事故を引き起こした者たちにとって最も都合のいい物語ではないのか。汚染の実態を隠すために，「復興」の物語が使われているとしたら……。

　原発から約30kmの地点にある福島県浪江町津島地区。郡山総一郎の写真集『原発と村』は，高い線量のために離村を余儀なくされた人びとに寄り添って，村の最後の日々を写し取っている。目に見えない放射能に土地を追われる人びととの日常の風景。ここには，メディアに取り上げられない，もう一つの東北がある。

1 はじめに

❖ 安全神話の現在

　東日本大震災とその後の一連の原発事故（図3-1）は，日本社会がそのうえに胡坐をかいていた「安全神話」を根底から覆すものだった。いや，より正確には，覆すはずだった。メルトダウンにまで至った原発事故は，解決の糸口さえ見つからない状態が今も続いている。放射能によって汚染されたのは原発周辺の地域だけではない。東京電力や政府が認める地域以外にも程度の差こそあれ放射性物質は拡散しているし，食品の流通による内部被ばくを考えると，私たちの誰ひとりとして被ばくから自由ではあり得ない。震災から数年を経た今，状況はより深刻だともいえるのだ。

　それにもかかわらず，少なくとも主要メディアを見る限り，震災はすでに過去のものとなり，人びとの関心は他のものへと移ったかのようだ。どうやら「安全神話」は，かつてほどではないにせよ，いまだその影響力を失っていないように見える。私たちは，この奇妙な事態をどのように考えるべきなのだろうか。

　本章では，メディアを批判的に読み解く技術という枠を超えて，コミュニケーションの輪を広げ，社会にコミットする技術としてメディア・リテラシーを考えてみることにしよう。

図 3-1　福島第一原子力発電所４号機注水車からの放水（東京電力, 2011）〈http://photo.tepco.co.jp/date/2011/201103-j/110322-01j.html（アクセス：2013 年 4 月 2 日）〉

❖「原子力ムラ」とメディア

　これまで原発優先の国策を推し進めてきたのは，原発推進派の政治家，電力会社，関係官庁，そして専門家などが作る集団で，皮肉を込めて「原子力ムラ」と呼ばれている。原発を管理・運営する側と，監督すべき立場の官庁側が共通の利害で結びついた「原子力ムラ」は，研究機関やメディアを巻き込むことで，この国のエネルギー政策の主要なアクターとして君臨してきた。彼らが情報を操作することによってもともと根拠のない「安全神話」を作り上げてきたことは今ではよく知られている。原子力は，「夢のエネルギー」として戦後日本の経済復興の軸となっただけではなく，科学技術の進歩がもたらす（はずの）輝かしい未来の象徴ともなっていた。

　現在も続く電力会社や政府の隠蔽体質には，歴史的要因があり，それは原発導入計画そのものに当初から織り込み済みだったともいえる。そこにおいて，現状を追認しがちなメディアは，批判的な思考を可能にするような情報を読者や視聴者に提供することには消極的で，逆にむしろ思考停止を助長するような方向に機能してしまう。その点は厳しく批判されなければならないだろう。この間，メディアによる自己検証が行われるようにはなってきたが，まだまだ十分だとはいえない。

❷ メディアの透視画法

❖ 津波と原発

　ここで 2011 年のことを思い出してみよう。3 月 11 日以降の数日間，テレビからコマーシャルが消えた。その間，「黒い海」が町や村を呑み込んでいく映像を何度も見るうちに，虚無感におそわれ，脱力していった人も少なくない。

　報道各社は，一定の情報を大量に，しかもくり返し流すことで，

結果的に私たちの感覚を麻痺させ,震災や原発事故の全体像を見えなくしてしまった。皮肉な見方をすれば,過剰とも思えた津波の報道は,東電や政府が好んで用いた「想定外の津波による電源喪失が引き起こした事故」という説明を結果的に捕捉するものだったともいえるだろう。センセーショナルな脚色を施されて,何度も流された津波の映像に比較すると,原発事故に関わる報道は圧倒的に少なく,しかも瑣末な情報に偏ったものだった。振り返ってみると,一連のニュースは,原子炉や放射能汚染の状況を個々のエピソードに分断して伝えてはいたが,それらは日本が原発大国となるまでの歴史的要因や根源的な問題に迫るものではなく,したがって「安全神話」そのものに切り込むような力をもちえなかった。むしろ,瑣末な技術論に終始するあまり,技術的な問題さえ解決すればいいかのような番組作りが多く,結果的に「安全神話」を補完するような報道が目立った。

❖報道メディアの構造

　上記のような問題を,個々の記者や番組制作者の資質の問題として片づけるのではなく,報道メディアが陥りがちな構造上の問題としてとらえる必要がある。まず理解すべきことは,客観的な報道を謳い文句にしがちなニュースには,現代社会の不均衡な権力構造があらかじめ書き込まれているということだ。ニュースは,取材現場から視聴者の元へ届けられるまでのさまざまな回路を経るうちに加工される。私たちは,報道番組が認識をめぐる交渉や抗争のはてに生まれるものであることに注意を払う必要がある。

　たとえば,独自の透視画法の世界の内に出来事を配列し,ナレーションや音楽を用いて奥行きを与えることで〈物語〉を創り上げるテレビは,たんに情報を伝達する装置ではない。私たちは日々の暮らしのなかで,メディアの言葉やイメージを介して世界や身の回り

で起きる出来事を理解し，自分の立ち位置を確認している。

　いいかえると，私たちはメディアの介入があって始めて周りの世界に〈意味〉を与え，いつもと変わらない〈日常〉を再確認することができる。冒頭で述べた「安全神話」も，原発が科学技術の粋を集めたものであり，それが私たちの生命にかかわるような重大事故を起こすはずがないと，どこかで思いこまされていたからこそ成り立っていた。

❖日常意識の編制

　センセーショナルなニュースばかりが目を引きがちだが，メディアはもともと〈日常性〉を指向するものだ。報道の価値があると判断された出来事は，それがどんなに「非現実的」なものであっても，ニュース番組編成のプロセスを通過するうちに日常の言語に翻訳し直され，了解可能な「物語」として編集される。

　たとえば，2011年の夏以降に多く見られた，津波のあと追い番組が具体的な例として挙げられるだろう。津波の映像にたまたま映り込んでいた生存者を探し出してインタビューし，「奇跡の生還」物語に仕立てあげる類の報道番組は，非日常的な津波を題材にしながらも，実は生還者が戻ってきた世界，つまり私たちが暮らしている〈日常〉に目が向いている。大津波のような災害を生き残った者たちの体験は，個々の出来事であることを越えて，日本社会全体の復興の物語へと編集されていく。

　その趣旨に沿ったスローガンは，具体的な誰かに向けた「がんばろう！」ではなく，原発立地地域に向けた「頑張ろう！　東北」でもなく，やはり不特定多数の抽象的な集団に向けた「がんばろう！　日本」でなければならなかったのだ。注意すべきことは「がれきの広域処理」に象徴されるように，「がんばろう！　日本」の掛け声が促しているのは，「共生」ではなく，むしろ「共苦」であるという

ことだ。がれきの拡散は，とりもなおさず汚染物質の拡散を意味するわけだが，将来の疫学的検証を避けるための政府による布石ではないのかという批判もあるように，その根拠はきわめて疑わしい。

❖忘却の装置

メディアは，非日常的な出来事を私たちの生活空間の〈外部〉に押しやることで，〈日常〉を確認し，修復する〈装置〉として機能する。日常を安全なものとして想定し直すには，非日常という〈鏡〉が必要となる。

今，その役割を果たしているのは，すでに過去のものとして語られ始めている東日本大震災のイメージだ。それは，地震や津波による甚大な被害を乗り越えて，今の私たちがいる，という感覚を植え付けることにつながる。そして，それは同時に，現在進行形の問題，今も汚染物質を廃棄し続けている原発の状況も背景に押しやる働きをしている。メディアはまた，すぐれて忘却の装置でもある。

❖「工学的思考」の罠

原発事故に関する報道には興味深い特徴があった。第一に，原発事故の原因が科学技術の問題に限定され，脱文脈化して語られたことが挙げられる。科学部の記者や外部の専門家が動員され，彼らは原発の内部構造を簡略化した図を用いてわかりやすく丁寧に解説してみせた。しかし，簡略化した図が隠していたのは，原子炉の脆弱性そのものだ。写真を見るとよくわかるが，福島原発の圧力容器は底の方から制御棒を差し込んで核反応を止める仕組みになっている。その仕組みのあまりの複雑さ（図3-2）を見れば，原子炉の構造そのものが脆いものであること，その制御がいかに綱渡り的なものであるのかがたちどころに理解されるだろう。私たちはわかりやすい解説そのものが結果的にどのような印象を視聴者に与えていたのか

を考えてみる必要がある。

さらに，技術論に終始しがちだった解説には，別の問題もひそんでいた。そもそも原発をめぐる議論は，技術的な問題として矮小化されるべきものではない。工学博士の井野博満が『まるで原発などないかのように』のなかで述べるように，「ものづくりを目的とした工学の体系は価値中立的なものではない」からだ（井野，2011：p.127）。生産至上主義に

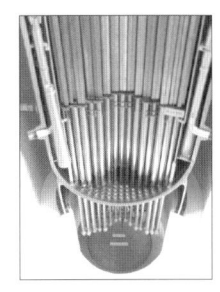

図3-2　圧力容器模型写真
［底部］（東京電力，2011）

理論的基礎を与える工学的思考は，一方で戦後の政治や経済を支えてきたが，問題はその〈外部〉にチェック機能をもたなかったことにある。戦後の復興期から現在に至るまで，大量生産や大量消費に基づく経済発展が半ば自己目的化するなかで，人びとの暮らしは消費を軸に営まれてきた。そこにおいては，何のための豊かさなのかという根源的な問いが脇に押しやられ，豊かさの追求そのものが至上命令となる。本来〈手段〉であるはずのものが〈目的〉となる倒錯がそこにはある。

工学的思考の〈外部〉に置かれてきたのは，原発が導入された歴史的背景や社会的文脈，とくに冷戦下の国際政治の動向，それに強く規定されていた国内政治，中央と周縁部の間にある構造的差別などだ。「安全」は決して技術だけの問題ではない。歴史的・社会的文脈から切り離された原発は，それが元々構造的に抱え込んでいる危険性をも剥ぎ取られた抽象的な「原発」として私たちの前に姿を現す。皮肉なことだが，科学技術の専門家たちが好んで用いた簡略図は，私たちが抱いてきた原発のイメージそのものなのかもしれない。

「工学的思考」は，なにも工学者や技術者のみの思考方法ではない。ここ数年の報道番組に特徴的なことは，事件や事故の報道に際して，現場の空間的構造や技術的細部に執着をみせるようになった

ことだろう。

　たとえば，殺人事件の報道などで，現場の模型を用いて被害者が倒れていた位置，加害者の侵入そして逃走経路など，事細かく伝えるようになってきた。かつてはセンセーショナルな伝え方を売り物にする週刊誌などによく見られた手法が，いまではテレビの専売特許のようになっている。原発報道もその流れに沿っていたのだろうが，瑣末な事象を丁寧に伝えることが，かえって全体像を見えなくしていることに，報道関係者はもう少し注意深くあるべきだろう。

3　まなざしの共同体

❖「復興」という物語

　メディアの言葉やイメージは，しばしば私たちの現実認識のあり方を規定し，共通の社会意識を編制していく。それは時に「世論」として明確な形をもつこともあるが，多くの場合は「空気」とでもいうべき，ゆるやかに共有された感情のようなものが醸成されていく。意識の編制とはいっても，それはあからさまな強制を伴うものではないから，自分では気づかないことが多い。その例としてたとえば，人が無意識のうちにもつ差別意識やナショナリズムを思い起こしてみるといいだろう。

　先に「がんばろう！　日本」に触れたが，それに代表される「復興」を誓うスローガンが目立ち始めたのは震災から一カ月ほど経った頃のことだった。メッセージを伝える役目を担ったのは主にスポーツ選手や芸人など，テレビの「顔」たちだったが，彼女／彼らの後ろにいて「再生」や「復興」の大合唱を指揮した者たちが，その視線の先にどんな社会を見ていたのかを考えてみる必要がある。その点において，2012年4月23日に放送されたNHKの『News 深読み』は示唆に富む。

番組には経済の専門家3人が登場した。その人選自体がすでに番組制作者の意図がどこにあるのかを示している。つまり番組は、「復興」とは第一義的に「経済復興」を指すと前提していたわけだ。番組放映と同じ頃、新聞や雑誌などのメディアには社会の根本的な変革の必要性を説く人が数多く登場し、なかには宮田光男のように「現代文明そのものの構造変革」を主張する人もいた（宮田, 2011）。それらの声に比較すると、現状維持を唱えるこのNHK番組の保守性は際立っていた。

　それでは、彼らが考える「復興」が目指すべき社会とはどのようなものだったのだろうか。『News 深読み』には、まず経済ジャーナリストが登場して、9.11直後に「皆さん、普通の生活をしましょう」と呼びかけたニューヨーク市長の言葉を紹介した。次いで消費行動が大事」と日本政策投資銀行参事が応じれば、NHK解説委員が「元気な日本経済が復興の土台」と締めくくるといった調子で、要するに、日本社会が復興するためには人びとがいつも通りに消費に励めばいいという結論なのだった。

　番組放映のほぼ2週間前の4月11日、原子力安全委員会が事故発生当初から大量の放射性物質が放出されていたとの見解を示し、原子力安全・保安院は福島の事故がチェルノブイリと同じ「レベル7」であることを認めていた。この人たちがそれを知らなかったはずはない。事態の深刻さを理解できない、なんとも脳天気な専門家たちだと、一笑に付すことはたやすい。しかし、看過できないのは、これら専門家によって声高に連呼される「復興」が、3.11以前の生活へ戻ることを意味していたことだ。

✤原発再稼働の論理

　つまり、この人たちの目に映っているのは、原発への不安を意識下に封じ込め、消費に勤しむことが至上命令となる社会だ。そもそ

も大量生産と大量消費を支えるために作られた原発が災いの元凶であったことを思えば，消費ありきの解決策を勧める専門家たちの提言は倒錯したもので，そこには現状に対する深い理解も反省もない。先に近視眼的な「工学的思考」が孕む危険性についてふれたが，ここでも同様のことがいえる。工学であれ経済学であれ，専門家たちは領域特有の「合理的思考」にあまりにも無批判に寄りかかっていた。専門領域は異なっていても，いずれも知の生産に携わる者なら当然もつべき社会的責任への配慮を欠いた発言であることに変わりはない。

　注意すべきことは，こうした発想が共犯関係をもったのが，電力会社や政府による「原発か，停電か」という恫喝発言だったことだ。原発を稼働させなければ停電を招くという，原発の存在を前提とした倒錯した論理は，その根拠自体が厳しく問われなければならないものだ。しかし，くり返し流れる停電のニュースは，人びとの間にあった漠とした不安を，わかりやすい景気不安に置き換えていった。

　原発がなければ経済発展はおぼつかないというのは，実は原発導入時の論理だが，それがこうして形を変えながら現在でも影響力をもちえているのは驚くべきことだ。しかし経済不安をあおる言説が，人びとの間にある放射能に対する不安を抑え込み，脱原発へ向かうエネルギーを削ぐのに一定の効果をもったことは間違いないだろう。

❖カーソンの警鐘

　人類史上最悪の原発事故を経験し，いまだその解決の糸口さえみえていない状況下で，なお原発は必要であるとする電力産業や政府に同調してしまう人がまだ多くいるという事態は，私にレイチェル・カーソンの次の言葉を思い起こさせる。

　　みんな，催眠術にかけられているのか。よくないものも，有害

なものも，仕方ないと受け入れてしまう。よいものを要求する意志も，目も失ってしまったのか（カーソン，2004：p.27）。

　化学薬品の危険性はもちろん，放射能汚染と一緒になった「複合汚染」の危険性についても警鐘を鳴らしていたカーソンの文章は，そのまま現在の状況に対する痛烈な批判として読める。専門領域の枠に縛られた〈知〉の状況を批判し，「正確な判断を下すには，事実を十分知らなければならない」とするカーソンの言葉は，3.11以降の社会に生きる者なら誰でも耳を傾けるべき言葉だろう。

❹ 身体技法としてのメディア・リテラシー

❖記憶の編制

　この間の報道番組を見ていると，もう一つ気になることがある。全体として，まるで大災害が過ぎ去ったものであるかのような語り方がされていることだ。先に取り上げた津波からの「生還物語」を別の角度から見ると，それらの番組が震災を過去のものとして扱っていることがわかる。いうまでもないことだが，その種の語りには，地震や津波に目を向けさせることで，現在進行中の「原発震災」を忘却させる作用がある。地震や津波の被災地の復旧作業が進まないことの原因は，放射能汚染のせいでもある。そのことに触れない報道は，結果的に東電や政府を助けていることになる。

　私たちは，この先何十年も何百年も，汚染の現実と格闘しなければいけない。政府や東電がどう言い繕おうと汚染は止まってはいないし，いまだに熔けた燃料の行方すらわかってはいないのだ。それにも拘らず，大震災を過去の物語として語り直し，私たちの記憶を編制するメディア装置がすでに作動し始めている。編成し直された〈記憶〉から抜け落ちていくのは，原発から放出された大量の放

射能を浴び，今なお浴び続けている人びと，土地を追われ「国内難民」となった原発周辺部の人びと，そして現場で終わりの見えない闘いを続ける被ばく労働者たちの日々の思いと感情だ。そして，メディアによって作り出された（偽りの）距離感によって，自らを「非・被災者」と捉えてはいても，なお被ばくの不安をぬぐい去れないでいるその他の地域の人びとの日々の思いや感情もまた「復興」の物語から抜け落ちていく。

❖ 分断された生

　記憶と忘却，被災者と傍観者，加害と被害，原発推進と脱原発。人びとの意識や感情を巻き込んで，メディア空間に幾つもの〈境界線〉が引かれ，私たちを分断している。その結果，コミュニケーションの回路が遮断され，対話しづらい状況が生まれている。単純なメディア・リテラシーを身につけるだけでは，こうしたことがうまく理解できないだけではなく，分断されたままの〈生〉を生きていくしかないだろう。メディアが伝える内容を吟味することにとどまるのではなく，私たちが日々なにげなく使っている言葉やイメージに対するより深い検証と反省が求められている。

　一般にメディア・リテラシーは，メディアを正しく読み解く技術という，ごく狭い意味で理解されることが多い。その根底には，メディアは何事かを伝える，つまり情報伝達のツールであるという暗黙の了解がある。その前提を受け入れさえすれば，たしかに伝達される情報の真偽を見きわめる技術が，メディア・リテラシーということになるだろう。しかし，そのためにはどこかで「真実」や「正しい情報」を想定しなければならなくなる。それは，誰にとっての「真実」で，誰にとっての「正しさ」なのかという出口のない議論に私たちを招き入れる。原発をめぐる議論のなかにも，正しさの根拠として特権的な地位を与えられた言説が，「科学」や「合理性」

という装いをまとって顔をのぞかせる様はすでに見た通りだ。この種の議論に「真実」や「正しさ」を決める最終的な審級を想定することは，危険ですらあるのだ。

❖メディア・リテラシーをとらえ返す

　では，私たちが身につけるべき「メディア・リテラシー」とは何を意味し，それによって何が可能になるのだろうか。第一に，メディアを批判的に読み解く作業は欠かせない。ただし，それは単純にメディアによって流される誤った情報や嘘を見抜く，ということにとどまらない。たとえば，3.11以降，メディア批判として「大本営発表」という言葉がよく使われたが，それは最も単純な意味でのメディア・リテラシー理解に基づくものだ。しかし，私たちはそこから一歩踏み出さなければならない。報道された「出来事」の歴史的意味や社会的文脈を問い直すことで，出来事の全体像を捉え，報道記事や番組の「行間を読む」ことが可能になるはずだ。逆説的だが，メディアは，その沈黙故にかえって饒舌に何事かを語ることがある。

　第二に，コミュニケーションの回路を開くものとしてメディアを定義し直す必要がある。既存のマス・メディアは，分断線を引くことによって，人びとの間に議論が沸き起こる可能性の芽をわざわざ摘んでいるように見える。メディア本来の意味である「媒介するもの」から程遠い位置にあるのが現在の主要メディアの状況だとすれば，私たちは，必要な情報を提供してくれるメディアを自ら取捨選択する必要があるだろう。「記者クラブ」の閉鎖性を厳しく批判しつつ，自分たちで会話の場を提供しようとしている自由報道協会の活動や，「情報を市民のものにしなければならない」として独自の取材・啓蒙活動を続けるDAYS JAPANの活動などが参考になる。

　その他，原子力資料室のメンバーがU-streamやYouTubeに登

場してかなり早い時期にメルトダウンの可能性について言及するなど，今回の原発震災に関してはオルタナティブ・メディアの活躍も目立った。

伊藤守は，3.11以降の社会に，インターネットを介した新しい「社会情報の回路」が生まれたことを指摘する（図3-3）。そのうえで伊藤は，原発事故が「市民とメディアの関係を決定的に変えた」とし，これまでのように新聞やテレビで得られる画一的な情報を共有しながら思考し行動してきた時代は終わりを告げ，「一人一人が情報を選択・発信・補完してオルタナティヴな情報回路を構成し，利用する時代に移行した」と述べる（伊藤，2012：p.222）。さらに，一部の人たちによって「所有される」情報から，皆で「共有する」情報へとシフトすることによって，「共同の知」あるいは「集合知」が生まれるとする伊藤の指摘は重要なものだ。というのも，情報へのアクセスが，これまでの新聞やテレビといったプラットホームに頼るのではなく，個々人の自由裁量によるものになれば，権力と個人の関係もまた変わる可能性があるからだ。

図3-3 ドキュメントテレビは原発事故をどう伝えたのか（伊藤，2012）

❖想像するために

伊藤が認めるように，「マス・メディア型社会」の変容はいまだ「萌芽的」なものだ。しかし，変化はすでに起きている。「脱原発」を掲げる運動の広がりと深化がそれを物語っている。たとえば，2012年7月16日に東京の代々木公園で開催された「さようなら原発10万人集会」には主催者発表で約17万人（警視庁によると7万5千人）の人びとが集まった。毎週金曜日に官邸前で開かれている集会など，大規模な集会やデモは最近では珍しくない。脱原発の声は

確実に大きくなっている。メディア・リテラシーに関して指摘しておきたい第三の点はまさにそのことに関わっている。

「大本営発表」と揶揄されたように，既存メディアの多くは，政府や東電が流す情報を解説するだけの「広報機関」に成り下がっている。さまざまなプラットホームのなかから自ら情報を選び，自らの頭で思考するオーディエンスが育ちにくい状況が長い間に形作られ，自立した思考を妨げる構造的な足枷となってきた。「思考停止」状態から抜け出し，異議申し立ての声をあげるためには，私たち一人ひとりが積極的に「メディア」となって，情報の取得，発信，共有をする必要がある。メディア・リテラシーとは，権力の横暴に対して異議申し立ての声をあげることができる身体の獲得，つまり身体技法を指す言葉でもあるのだ。脱原発の集会やデモで注目したいのは，原発事故を受けて「自分の生活を根本から見直している」といった声をあげる人が増えてきたことだ。それは，インターネットで情報を交換し合い，集会に出掛けた人びとが〈当事者性〉を取得し始めていることの表れではないだろうか。総理官邸前の集会の感想を聞かれて「大きな音だね」と答えた当時の総理や，どこか被災地を遠く眺めるようなメディアの視線とは全く異なった姿勢がそこにはある。「がんばろう！ 日本」のようなマスター・ナラティヴとは違う言葉が，まさに路上で交わされていることの意味は大きい。メディアが生み出す「日常」の〈外部〉を想像することができたからこそ，人は声をあげ，そして動く。

⑤ 未完の歴史へ向けて

政府の強引なやり方に対する異議申し立ての声は，今回も主要メディアからあがることはなかった。その一方で市民による脱原発の集会やデモが，徐々に参加者を増やしながら，全国に拡散し始めて

いる。一方に 3.11 以前の原発依存型の社会を維持しようとする勢力があり，もう一方には脱原発を推し進めて新しい社会の形を模索する動きがある。大飯原発の航空写真と，反原発デモに集まる群衆の航空写真。遠く隔たっていて，まるで接点をもたないかのような二つの風景はしかし，3.11 以後の世界の二つの現れであり，同時にこの国の未来をも映し出している。

　メルトダウンに至る過酷事故が起きたにも関わらずいまだに原発にこだわる政府と，「原発ゼロ」の意思表示を示し始めた市民の間にある溝は深く，どちらの選択を受け入れるかによって未来は全く

図 3-4　建設中の大飯発電所（国土画像情報［カラー空中写真］© 国土交通省, 1975）

図 3-5　新宿（東京）での 2011 年 9 月 11 日の反原発デモ（撮影者：Daderot）

異なった様相を見せてくるだろう。

　二枚の航空写真は，私たちが歴史の岐路に立たされていることを実感させる。恐怖や不安を意識下に追いやることで虚構の〈日常〉を生きるのか，それとも原発に頼らない新しい社会を想像／創造する道を選ぶのか。未来は私たち一人ひとりの選択にかかっている。そのためには，さしあたって日常の〈外部〉を想像することから始めてみるとよいだろう。こうであり得たかも知れない過去を想像する力を鍛え上げることで，その延長としての現在を批判的に見ることができるようになる。そして，それはまた，こうであり得るかも知れない未来を想像／創造することにもつながるのだ。

●ディスカッションのために
1. メディアを「読み解く」とはよく使われる表現だが，それは具体的にはどういう作業のことをいうのだろうか。新聞記事やテレビの番組を取り上げて，実際に読み解いてみよう。
2. 戦後の日本の歴史のなかで，「原子力」はメディアによって，どのように表象されてきたのかを考えてみよう。その場合，当時の国際関係や国内の政治や経済の状況という，より広い社会的文脈のなかにメディアを位置づけることで，それが果たしてきた役割を考えてみよう。
3. 本章で議論されてきたような「メディア・リテラシー」を身につけたら，どのようなことが可能になるだろうか。そこには，どんな問題・困難が予想されるだろうか。

引用・参考文献

朝日新聞特別報道部（2012）『プロメテウスの罠―明かされなかった福島原発事故の真実』学研パブリッシング。
有馬哲夫（2008）『原発・正力・CIA―機密文書で読む昭和裏面史』新潮社。
伊藤　守（2012）『ドキュメント　テレビは原発事故をどう伝えたのか』平凡社。
井野博満（2011）「材料は劣化する」『まるで原発などないかのように―地震列島，原発の真実』原発老朽化問題研究会［編］，現代書館。
NHK ETV特集取材班（2012）『ホットスポット―ネットワークでつくる放

射能汚染地図』講談社。
カーソン,R.（2004）『沈黙の春』新潮社。(Carson, R. (1962) *Silent Spring*, Greenwich, CN: Fawcett.)
郡山総一郎（2011）『原発と村』新日本出版社。
自由報道協会［編］（2011）『自由報道協会が追った3.11』扶桑社。
武田　徹（2011）『原発報道とメディア』講談社。
田仲康博（2010）「メディアと文化」『よくわかる異文化コミュニケーション』池田理知子［編著］, ミネルヴァ書房, 140-155頁。
田仲康博（2010）『風景の裂け目―沖縄, 占領の今』せりか書房。
東京新聞原発事故取材班（2012）『レベル7―福島原発事故, 隠された真実』幻冬舎。
東京電力（2011）福島第一原子力発電所4号機注水車からの放水〈http://photo.tepco.co.jp/date/2011/201103-j/110322-01j.html（掲載日2011年3月22日）（アクセス：2013年4月2日）〉
東京電力（2011）圧力容器模型写真〈http://photo.tepco.co.jp/date/2011/201105-j/110512-02j.html（掲載日2011年5月12日）（アクセス：2013年4月2日）〉
広瀬　隆（2011）『福島原発メルトダウン』朝日新聞出版。
宮田光男（2011）「いま人間であること」『世界』5月号。

第Ⅱ部 メディアによってつくられる「現実」

第4章 毒ガスのゆくえ
　　　　沖縄の毒ガス移送問題から考える「他者」との連帯

第5章 「ヒバクシャ」の声はなぜ聞こえないのか
　　　　マーシャル諸島の人びとが伝えたいこと

第6章 メディアとしての原子力／メディアのなかの原子力
　　　　米軍占領下の沖縄における「原子力発電」計画の意味

第Ⅱ部「メディアによってつくられる「現実」」は，沖縄やマーシャル諸島での事例を取り上げ，メディアによる報道がどのように「現実」を作り出しているのかを描き出す。そしてその「現実」がさまざまな関係性の構築へと作用するのではなく，むしろ「分断」を引き起こす要因となってしまったことが，それぞれの分析を通して見えてくる。

　第4章の「毒ガスの行方」では，1969年に沖縄島中部の米軍知花弾薬庫付近で発生した「毒ガス事件」とその後の毒ガス移送をめぐる論争を取り上げ，本来であればその論争が戦争そのものの矛盾を表面化させるような方向に進むこともできたはずなのに，そうならなかったことを検証する。福島の原発事故後のがれき処理といった現在進行形の問題を考えるうえで参考となる事例である。

　第5章の「「ヒバクシャ」の声はなぜ聞こえないのか」は，1946年から1958年まで続けられたアメリカによる核実験によって今でも放射能による被害に苦しめられているマーシャル諸島の現在の姿を報じるとともに，これまで伝えられてこなかったものが何なのかを明らかにする。一方で，報じられてはいてもそれがある一定の表象の仕方によるものだったのではないかという疑問も提示する。こうした分析を通して，メディアがマーシャル諸島の「現実」をいかにして構築してきたのか，つまりこの章のタイトルにもあるように「ヒバクシャ」の声が届かないような物語をメディアが編み出したこと，それが島の人びとと私たちとの分断を生み出す結果となってしまっていることが見えてくる。

　現在問題となっている分断の一つが，メディアが生み出す原発の是非をめぐるものである。2011年3月の「原発震災」を経験した多くの人たちが原発のない生活を望んでいるはずなのに，その声を封じ込めるかのように原発の必要性を説くメディアの姿がそこにはある。その必要性の論理は，「近代的生活の維持・向上」といった以前と変わらないものである。第6章の「メディアとしての原子力／メディアのなかの原子力」では，原子力発電所のない沖縄で1950年代に米軍による原子力発電設所計画があったこと，その計画を推進するために使われたメディアによるプロパガンダが現在と変わらないものであったことを明らかにしてくれる。そしてその論理が巡りめぐって，米軍の沖縄の長期占領を可能なものとしていることも見えてくる。つまり，点として存在しているかのように見える問題が，実はつながっていることをこの章は示しているのだ。

第4章

毒ガスの行方

沖縄の毒ガス移送問題から考える「他者」との連帯

「チュニクルサッテン，ニンダリーシガ，チュクルチェ，ニンダラン……他人に痛めつけられても眠ることはできるが，他人を痛めつけては眠ることはできない」（青年劇場第104回公演『普天間』2011年9月〈http://www.seinengekijo.co.jp/top.html（アクセス：2013年3月26日）〉

『普天間』ポスター

　沖縄においてこの言葉は，1990年代半ば以後，普天間基地問題をめぐる文脈において何度も引用されてきた。普天間基地の撤去／閉鎖を求めていた抵抗運動が，「普天間の閉鎖は代替基地施設の建設が条件である」ことを日米両政府に突き付けられたのが，1996年のSACO合意。それ以来，政府は「沖縄の負担軽減」の名の下で，沖縄県内，県外，国外の移送先候補地を次々と提示してきたが，受け入れ先がないことから沖縄の基地の過重負担をそのままにし，むしろ反対運動を弾圧しながら沖縄県内への新基地建設の動きを加速させている。このような困難な状況が沖縄で続くなか，「自分の苦しみを他人に押し付けることはできない」という思想によって，基地撤去を求め，新基地建設を阻止する運動をどのように切り拓くことができるだろうか。それが今問われている。

1 はじめに

❖ メディアとしての「迷惑施設」

　1950年代以降の高度経済成長期に伴う公害問題に端を発した住民運動・市民運動においては、迷惑施設の建設に対する抵抗が常にその主題としてあった。「公共の利益」や「地域振興」を理由に企業や大都市圏に利する原子力発電所や産業廃棄物処理場、軍事基地施設が一定地域に押し付けられることに対し、当該地域の住民らが反対することは時に「NIMBY」[1] であると揶揄される。企業や政府の「社会的必要性」の論理が、ある一定地域の人びとが危険施設・迷惑施設を受忍せざるを得ないという状況を不問にさせ、建設反対の住民運動への共感を阻むだけでなく、複数の建設・移設候補地の間で対立を生じさせることとなる。

　このように、迷惑施設を媒介にして建設・移設候補地となった地域住民と企業や関係省庁、さらにはその事業の受益者、第三者との間で情報が行き交い、迷惑施設をめぐる意味が構築されていくことを理解するならば、迷惑施設を〈メディア〉と定義することが可能となる。池田（2010）によれば、人は〈メディア〉を媒介に「他者」や「外界」とコミュニケーションを行うが、しかし〈メディア〉は単なる情報を媒介するための伝達手段であるだけでなく意味構築の場でもある。さらに、〈メディア〉における意味構築のプロセスを明らかにするとともに、構築され得たかもしれない別の意味を想像／創造することが必要なのだという（池田, 2010：pp.12-13）。たとえば在日米軍基地とその新設に反対しながらも、米国領土内への基地の新設を不問にするのであれば、それは米国という主権国家による、米

---

1) "Not in my back yard（うちの裏庭に［迷惑施設］は要らない）"の略。住民たちが、いわゆる迷惑施設が必要であることは認めながら、自分の近所にはあってほしくないとする姿勢を表す。「地域エゴ」ともいわれる。

国領土内の人びとに対する支配や抑圧を当然視するものといえるかもしれない。〈米軍基地〉を媒介になされるこのような意味構築のプロセスを明らかにし，別の可能性があり得るのかを問う必要がある。米国内における軍事優先の実態を知ることで軍隊はひとしく国民を守らないと認識し，米国内で軍事優先主義に抗う人びとと手を取り合い，軍事基地の撤去をともに訴えることも可能ではないだろうか。

✣「毒ガス事件」が問い続けるもの

〈メディア〉という場でどのような意味構築がなされるのか。本章においては，この問題を沖縄における「毒ガス事件」を通して考える。1969年7月，沖縄島中部の米軍知花弾薬庫付近で発生した「毒ガス事件」の衝撃は報道を通じて国内外に伝播し，さまざまな地域における生物化学兵器の製造や貯蔵，使用，そして被害の実態が明らかにされていった。しかし，沖縄における「毒ガス事件」を発端とする〈毒ガス〉に対する認識のあり方や抗議の世界的な拡がりは，「どの地域の誰がこの危険・汚染物質を背負っていくのか」という問いを生じさせ，すでに沖縄で貯蔵されていた化学兵器の撤去を遅延させ，移送先候補地の人びとによる生物化学兵器反対運動との連帯を困難にしていた。

毒ガスの恐怖に直面した沖縄の人びとが発した声や抗議の訴えは，どのようなものであったのだろうか。毒ガスの移送候補先として最初に挙がった米西海岸では，沖縄における毒ガス撤去を求める動きをどのように受けとめ，さらにそれに対する沖縄側の反応にはどのようなものがあったのだろうか。本章では，毒ガスをめぐってどのような意味が構築されたのか，そしてそのなかで生じた対立がどのようなものでいかに連帯を阻んだのかを探っていく。そうした手続きを踏むことによって，あり得たかもしれない連帯の可能性について考察することができると考えられる。

2　1970年前後の「毒ガス事件」の経緯[2]

❖ 事件発生から報道まで

1969年7月19日,「毒ガス事件」が沖縄の地元紙で大々的に取り上げられた。美里村（現沖縄市）の米軍知花弾薬庫施設で同月8日に生じた毒ガス漏れ事故により,米軍毒ガス部隊（第267化学部隊）兵士23人と軍属1人が病院に運ばれていたのだ。米軍は直後に事故発生内容を日本政府に通報するが,沖縄住民には一切知らせずにいた。7月18日付の米紙ウォール・ストリート・ジャーナルの外電によって,「毒ガス事件」が日本そして沖縄ではじめて知らされることとなったのである。

「毒ガス事件」以前にも,駐留米軍による化学兵器の使用や貯蔵をほのめかす事件が沖縄各地で発生していた。沖縄島東海岸に位置する宜野座村の中学校全校生徒が給食時間中に目の痛みを訴えた「宜野座中学毒ガス事件」（1965年1月）や,具志川海岸で水泳教室を行っていた小学校児童が皮膚炎を被った「開南小集団皮膚炎事件」（1968年7月）,知花弾薬庫周辺の農地で木々や野菜が枯れた「知花パパイヤ枯死事件」（1968年10月）などを背景に,見えない化学兵器の存在に対する恐怖や不安は事件前からすでに存在していた。1969年の事件を契機に,それらの被害と化学兵器との関連が明らかになったのである。

❖ 反対運動と撤去声明

報道から間もなく琉球立法院は毒ガス撤去を求める決議を行い,沖縄県祖国復帰協議会（復帰協）は「毒ガス撤去要求大会」を組織

---

[2] 毒ガス事件から移送までのおもな動きについては,安仁屋（1969）や小山内と田村（1971）,大城（1971）などを参照。

した。米軍の原子力潜水艦の寄港による放射能汚染とともに、生命をおびやかす大量殺人兵器の存在が明らかになったことの衝撃と、不安や怒りを訴える報道が、現地沖縄では続いていた。生物化学兵器への批判は沖縄を越えて国内外で強まっていくが、米連邦政府の各省間では日本国内における報道の激化が抗議行動を促し、さらに与野党間で反米路線の結束が強まる、との懸念が高まっていた。

沖縄に関しては、70年安保で生物化学兵器の扱いが問われることで基地の自由使用が担保されなくなることが憂慮されていた（Digital National Security Archive, 1969a）。また、米国務省と在日米国大使館の間では、日本政府との交渉についての対応策が練られ、国務省から国防総省に対しては、早急に毒ガスの撤去を発表すべきであるとの勧告がなされていた（Digital National Security Archive, 1969b）。

米陸軍省は1969年12月、沖縄に貯蔵されている致死性毒ガスを撤去すると発表する。その後も移送方法や移送先をめぐる混乱が連日報道されるが、そのようななかで実施された1971年1月の第一次毒ガス移送は、マスタードガス150トンの移送がたった1日で行われた。そして半年後の7月、輸送コースの変更を経て毒ガス兵器の移送が再開、9月まで55日間かけてマスタードガスや神経ガスなど1万3千トン以上の毒ガスの輸送を終了する。

3 国内外に広がる毒ガス問題

✣ 毒ガス問題への関心の高まり

沖縄で発生した「毒ガス事件」は地理的・時間的な枠組みを超えて、さまざまな生物化学兵器の問題を提起することとなった。当時国連でその是非が問われていた化学兵器を米軍が沖縄に貯蔵していたことで、その製造や使用、貯蔵、ベトナム戦争での枯葉剤の使用

図 4-1　ベトナム戦争時の枯葉剤散布の様子

や米国内での生物化学兵器の実験に対する批判が広がった。それだけでなく、米軍が駐留していた西ドイツへの化学兵器の配備が連鎖反応的に明らかになり、冷戦期に拡張し続ける米軍の存在に不安と衝撃が広まっていった。

　生物化学兵器への関心は、日本においても高まっていく。「毒ガス事件」報道直後、第二次世界大戦時に広島県大久野島にあった旧日本軍毒ガス製造工場の元労務者による「毒ガス障害者連絡協議会」は、琉球政府の屋良朝苗主席に対し毒ガスの危険性と撤去を訴えた。さらに衆院外務委員会では、国内での化学兵器製造の真偽が追究され、日本で製造された枯葉剤がオーストラリアに輸出され、加工された後にベトナムに輸出されていることが明らかになった[3]。米軍の所有する大量殺人兵器に対する批判ではなく、生物化学兵器の製造から貯蔵、使用の過程で生命に与える損害の大きさが歴史的・現在的な問題として位置づけられることとなったのである。

❖ 米国本土での移送反対闘争

　一方で、国内外で広まる生物化学兵器への関心の高まりは、沖縄

---

3) 楢崎弥之助議員（社会党）が米誌『ビジネス・ウィーク』を参照し、米軍部の枯葉剤の需要が米国内生産量を上回り国外受注があることに加え、日本国内市場では需要が小さい枯葉剤 245TCP の国内生産の実態を指摘、両者の関連を問いただした結果明らかになる（朝日新聞, 1969）。後にこの問題は、1937 年 9 月 25 日、福岡県大牟田市で 700 人以上の死者を出した大牟田爆発赤痢事件の原因追及にまで発展、同日発生した三井三池染料工業所での赤痢爆弾誤爆事故が原因ではないかとされている（国会会議録, 1969a; 1969b; 1969c）。

からの毒ガス撤去をさらに難航させることとなった。米陸軍より毒ガス撤去声明が発表されるやいなや，米国の移送先候補地において毒ガス受け入れに対する反対の動きが拡がっていったのだ。輸送船から陸揚げし，最終的に運び込まれる兵器庫，そしてそれらをつなぐ経路が位置するワシントン，オレゴン両州では州知事や州選出議員が反対を表明する。そして，市民団体が署名運動やデモなどの大規模な反対運動を組織し[4]，両州にまたがる毒ガス移送計画の中止を求める訴えを連邦裁判所に提出した。この反対運動はさらに，毒ガスを米国内に移送するのではなく現在貯蔵されている沖縄で毒ガスを無毒化するよう求めた。両州において毒ガス移送反対の声が激化した背景には，同時期，ベトナム反戦の全米的な学生ストライキがあったことや[5]，毒ガス実験反対運動がすでに組織されていたことがある[6]。しかしこれらの抗議行動においては，沖縄における毒ガス撤去闘争を米国への移送計画を促した要因としてしか捉えず，冷戦に伴い拡張した米軍の占領下におかれてきたことに対する，沖縄の住民からの告発として聞き入れられることはなかった。

1970年5月，オレゴン州兵器庫への移送中止が決まり，次の移送先候補地として挙げられたアラスカ州や米国未編入領土のグアムにおいても，知事や議員らから次々と反対が表明された。この間，米国内では生物化学兵器の受け入れを阻止し廃棄を求める法案提出の

---

4) オレゴン州のポートランドとワシントン州のシアトルそれぞれで，ワシントン大学教員を先頭に「神経ガス反対市民連合 (People Against Nerve Gas)」が結成された (Ellensburg Daily Record, 1970)。
5) "May 1970 student strike." and "People Against Nerve Gas (PANG) flyer." In Civil Rights & Labor History. Photo & Document Repositoty. 〈http://depts.washington.edu/labpics/repository/main.php（アクセス：2013年3月26日)〉より。
6) 1968年3月，ユタ州で行われた神経ガス実験により約6千頭の羊が狂死する事件が発生したことなどを契機としている (ローズ, 1970)。

動きもあった。ワシントン州選出のウォーレン・マグナソン民主党議員は沖縄からの毒ガス撤去にかかる支出の禁止を求める修正案を提出，またアラスカ州選出のマイク・グラベル民主党議員も毒ガスの廃棄や無毒化を求める法案を提出し，6月に両法案が可決された。

❖ ジョンストン島への移送計画

　化学兵器の「米国内」への持ち込みを禁止する法案が上院で可決された頃，米国本土を除く米領土への移送を模索する動きが進んでいた。そして1970年6月下旬，米国防総省はハワイ州オアフ島から約1500キロメートルに位置するジョンストン島への移送の可能性を示唆，米軍の調査を経て7月下旬に移送と焼却処分予定を明確にした。先のグラベル議員は，毒ガスの移送禁止は米本土のみならず，候補地のグアムを含む属領や信託統治領も対象とするよう主張するが，国防総省はこれを無視し移送を決定した。

　70年12月上旬，ハワイ州選出の3人の日系民主党議員はジョンストン島への移送に反対，同島への移送禁止を含む法案審議中にジョンストン島への移送を押し切った国防総省を批判し，太平洋の島が米国本土と異なる扱いを受けていることに対して米国を「最低の国」であると糾弾し（沖縄タイムス，1970a），沖縄での「無毒化」処理または廃棄を訴えた。しかし，ジョンストン島への移送決定は覆されることなく，移送される化学兵器貯蔵施設の建設計画が進められていった。

❖ 沖縄での移送経路と沿道住民の抵抗

　移送先が決まると同時に，毒ガス問題は再び新しい局面を迎えた。現地沖縄で求められてきた毒ガス撤去であったが，米軍が沖縄島内の輸送コースを明らかにしていくなかで，沿道周辺の住民や学校関係者の間で安全性への懸念が広がった。毒ガスを載せた米軍車両が

集落を通ることに不安を抱いた住民の間で，輸送反対の声や輸送経路の変更を求める声が挙がっていった。美里村，具志川市，石川市の各区自治会は，琉球政府に対し移送当日の安全対策の強化を求めると同時に，移送当日の避難計画などについても議論を始めた。これらの地域の小中学校や高校では，毒ガス移送計画への抗議集会やデモが連日行われた。移送直前の1971年1月10日，琉球政府毒ガス撤去本部と，琉球政府が招聘した専門家らによる美里村役場での「対話集会」で，「安全性が証明されない」まま実施される移送計画への強い抗議を住民らは示し，行政府や立法院に対して移送経路の変更や安全対策の強化を米軍と交渉してすすめるよう強く要求した。復帰協や全沖縄軍労働組合（全軍労）なども，住民からの要求に応じて職員や組合員らを動員し，デモや集会を組織した。

　毒ガス移送期に表面化していた問題の一つは，住民と，米軍と交渉しながら撤去をすすめる琉球政府との対立であった。生命の安全を脅かされた沿道の住民らは，円滑に撤去を推し進めようとするなかで住民を説得する側に立った行政府ないし屋良主席を激しく非難した。革新共闘で擁立した屋良主席への批判は，当時の沖縄において「保守‐革新を超えた抵抗運動」が模索されていたことを示しており，このような住民らの動きに呼応する形で，沖縄教職員会や全軍労などの団体が抗議行動を繰り広げていった。

4　毒ガス問題をめぐる対立と「連帯」の難しさ

❖ 日本人留学生の手紙

　米国での移送反対運動の勢いは沖縄でも報じられた。大量殺人兵器である毒ガスの持ち込みに州法を成立させてまで抵抗したオレゴン州やワシントン州の住民への理解を示しつつ，行き場の無い毒ガスが結局沖縄から動かされないことに対して「アメリカのエゴイ

ズム」「人種主義」「人権無視の身勝手な態度」との批判が高まった。1970年5月23日に美里中学校で行われた毒ガス撤去を求める抗議集会では，屋良主席や教職員会，婦人連合会，復帰協などの各団体代表のみならず，貯蔵施設近くの自治体住民らも恐怖を訴え，米国内での移送反対の動きを理由とする毒ガス撤去の遅延に強い抗議を表明するなど，沖縄からの撤去運動がより加速していくようになる。

その間，沖縄における毒ガス撤去運動に衝撃を与えたのは，オレゴン大学の日本人留学生が屋良主席に宛てた1通の手紙である。ワシントン，オレゴン両州での反対運動や，大学での講義から毒ガスの脅威を知ったというその留学生は，屋良主席に対し，毒ガスを沖縄で無毒化するよう要請した。『沖縄タイムス』はこの手紙を全文掲載した。そして，「神経ガスを無毒化するにも危険があるかないかわからないし，素人としてどうしろと要求する立場にない。米国が全体責任をもって一日も早く沖縄から撤去するよりほかない」（沖縄タイムス，1970b）とする，屋良主席の応答を併せて掲載した。留学生からの手紙に反論する声明を発表した屋良主席に続き，沖縄社会大衆党は島ぐるみの撤去運動を呼びかけ，立法院も毒ガス撤去を求める決議を全会一致で可決，県民総決起大会も開催された。沖縄における毒ガス撤去運動も，米国内での移送反対運動も，互いの訴えに十分に耳を傾けるのではなく，むしろそれらを否認するかたちでそれぞれの要求を提示していくことになる。

手紙の掲載から約2週間後，『沖縄タイムス』は再びこの留学生の声を取り上げている。

　　（この留学生によれば）「オレゴン，ワシントン両州でも住民不在，軍事優先，軍の秘密主義に対する怒りは，沖縄の怒りとのそれにおとらないものがある」が，反対運動をしている人びとの中には「この毒ガスが自分の近くにくると恐ろしいから言いかえ

れば、自分のところに来さえしなければかまわない」と考える人も多く、こうした態度に怒りを感ずる、と州民の身勝手さを非難している。[…中略…] (この留学生は)「最も安全な方法は無毒化」だと述べているが、「事故の可能性を認めた上で、なおかつ即時撤去を要求するなら、米軍と米国政府に対して徹底的に安全の保障を要求して下さい」と結んでいる (沖縄タイムス, 1970c)。

屋良主席にあてられた最初の手紙が掲載されてから約2週間後、改めて表明された意見には、軍事政策が住民の安全より優先されてきた両地域において、生物化学兵器への抗議行動における連帯感が生まれるどころかむしろ対立さえ生じている状況に、なんら共闘の可能性が見出せないことへの葛藤が表れている。だが、米国内での移送反対の訴えに対し、沖縄では米国内における「住民不在」「軍事優先」の実態に理解を深めるというより、むしろ自国の軍隊の生物化学兵器の扱いに責任を負わず、他国の島である沖縄に押し付けようとする、人種主義的で身勝手な発想である、と捉えられていたことが当時の新聞記事からは読み取れる。沖縄に不当に貯蔵されてきた毒ガスを「米国民」が受け入れないのは、アジア人に対する人種差別であるとしながらも、米国内における生物化学兵器実験の実態とそれへの抗議の高まりを認識し、連帯を志向するような動きはほとんどなかったのである。このようにして、米国における毒ガス移送反対運動の動きは、沖縄からの毒ガスの撤去を求める声を強くしていった。

❖ 軍事利用されてきたジョンストン島

こうして沖縄から撤去された毒ガスはジョンストン島へと移送された。米国の未編入領土であるこの島は、別名を「カラマ島」とい

い，かつてハワイもその領有権を主張してきた島である。だが米国によるハワイ併合と同時に米領土となり，米軍の航空基地，燃料供給基地として軍事利用されてきた歴史をもつ。

ジョンストン島では，1950年代後半から60年代前半にかけて核実験が行われ，70年代以降は沖縄やドイツ，韓国，ベトナムから運び込まれた化学兵器が貯蔵されてきた（Marshall, 1996）。1983年，米軍は同島における毒ガス焼却処理施設「ジョンストン環礁化学物質廃棄施設（Johnston Atoll Chemical Agent Disposal System, JACADS）」の建設計画を発表，これに対し，ハワイを含む太平洋諸島では抵抗運動が組織された（Alailima, n. d.）。しかし，米国環境保護庁（Environmental Protection Agency, EPA）が10年間の施設造成と稼働を認めたため，施設の建設は85年に開始（図4-2），化学兵器の処理は90年に開始された。その後，数々の事故を発生させながら（ランペル，1995），焼却処理は2000年まで続くことになる。米陸軍は2003年より同設備の解体を実施，2004年に閉鎖した。

毒ガス移送からの40年の経過を報じた『琉球新報』の記事は，JACADS閉鎖後のジョンストン島について「空気中や土壌に残存する化学物質が，米国内法で米軍に義務づけられた野生生物に危険が及ばないレベルまで浄化され，米環境庁は09年8月，施設が適

図4-2 ジョンストン環礁化学物質廃棄施設建設時初期の土地掘鑿作業

切に閉鎖されたことを承認した」(琉球新報, 2011) としている。しかし，毒ガス処理以前の核実験で拡散した放射性物質や錆びたドラム缶から漏れでた枯葉剤，さらに焼却時に放出された有害物質による土壌・水質汚染がジョンストン環礁周辺を汚染し，近海で採れる魚介類からは今も汚染物質が検出されているという研究結果もある (Lobel & Lobel, 2008)。

❖ 毒ガス問題が提起していたもの

　今日に至るまでの「毒ガス」をめぐる動きから読みとれることは，毒ガスの貯蔵地域または移送候補地の「住民」または「市民」が大量殺人兵器の死の恐怖を告発する主体としての力をもっていたことだ。だがそれは，米国内の移送先候補地の市民運動が沖縄の撤去運動をどう捉え，また沖縄側も米国から発せられる移送反対の声にどう対峙し得るのかという問題も提起していた。つまり，70年前後の沖縄における毒ガス移送をめぐる問題は，住民・市民運動が「今，ここ」の問題に取り組みながらも，そこから離れた場所で起きている問題と自らをいかに接続し得るかという問いを提起していたのである。

　製造された毒ガス兵器は，撤去してもなお消えてなくなることはない。毒ガス焼却処理施設閉鎖後もジョンストン島やその周辺海域では汚染が残っていることから明らかなように，沖縄からの毒ガス移送に反対した米国の市民運動が代替策として提示した沖縄現地での廃棄または処理が，もし実際になされていたならば，多くの犠牲を生じさせていたであろうことは確かだ。「どういう措置がとられるにせよ，だれかが危険を声を大にして叫ぶであろう。何人も自分の近くのどこにも毒ガスがあることを欲しない。これは厳たる事実である。専門家がどんな勧告を下すにせよ，どんな形の処分にも強い反対が向けられよう」(読売新聞, 1970) とする読売新聞が紹介し

た米紙『ボルチモア・サン』の記述は，毒ガスの移送先候補地の間で生まれた対立の必然性と，「連帯」の難しさを示唆している。

5 越境する環境問題と「他者」との回路

❖ 毒ガス問題における新たな意味構築の動き

　毒ガスをめぐる当事者の間で，つまり沖縄の毒ガス撤去闘争と米国の移送反対運動の両者の間で歩み寄ろうとする動きは全くなかったのだろうか。あるいは両者が共闘しあえる言説を生み出すことはできなかったのだろうか。米国での移送反対運動が盛り上がるなか，沖縄の毒ガス撤去を訴えた東京の民主団体はアメリカの平和団体に連帯を呼びかけていた（琉球新報, 1970）。毒ガスに抗議する動きが広まる米国において，このような連帯の呼びかけがどのように聞き入れられたのかは，新聞報道からはわかり得ない。しかし次のようなエピソードを知るとき，毒ガスに抗議する沖縄とアメリカ両者が連帯し得た可能性を無視すべきではない。先ほど紹介した屋良主席への手紙を送った「留学生」は，後に米国における毒ガス移送反対闘争当時の状況について回想している。

　　オレゴン中が蜂の巣を突いたような騒ぎになった。「毒ガス来るな」の大合唱である。冗談じゃない。沖縄県民をどうしてくれるんだ。沖縄の安全はどうなるんだ。毒ガスは比較的簡単に加水分解できると聞いた。それなら無毒化したら良い。毒ガス反対運動の人々の周辺で，私は単身「沖縄を守れ，毒ガスを無毒化せよ」という運動を始めた。［…中略…］ポートランドで行われた大集会にも出かけて，主催者に話をさせろとねじ込んだ。［…中略…］「毒ガスを地球上から消してしまえ」，「沖縄の人々の安全を第一に考えるべきである」アメリカ批判の言葉もたく

さん述べた。必死の訴えに,集まった人々は総立ちで拍手してくれた(藤田, 2008：p.82)[7]。

アメリカに毒ガス撤去への「理解」を求める団体・個人の動きに加えて,痛みを押し付けるものであるとして移送を批判する声もあった。米国本土内での移送が反対運動によって困難となり,結局,ジョンストン島への移送が決まったとき,自らが抱えている負担を押し付けるのはおかしい,と反対した人びとがいたという証言もあるし(大田, 1995),移送ではなく沖縄で中和解体すべきだとの意見もあった(琉球新報, 1971)。もちろん,後にジョンストン島で繰り返される化学兵器処理中の爆発事故を想起すれば,沖縄で処理が行われていた場合,大きな被害が生じていたであろうことは想像に難くない。しかし,このような主張が仮に表面化していたならば,両者が歩み寄る為の対話を生み出すことは可能であったのではないだろうか。当時の沖縄とオレゴン・ワシントン両州において,毒ガスを媒介として生み出される回路が,毒ガスに抗議する双方に対して,またジョンストン島への移送に反対したハワイの人びととの間に開かれた可能性があったかどうかは,問われなければならない問題であろう。

---

[7] 留学生・藤田正一の同集会での発言は,オレゴン大学学生新聞など現地の新聞で報道された(Bushnell, 1970)。また同集会では,1968年の民主党全国大会時にイリノイ州シカゴで大規模なベトナム反戦集会を組織し逮捕された「シカゴ8」のメンバーであるジョン・フロインズ(John Froines)も発言,米国ではそれまで,沖縄への毒ガス配備に対する抗議はなかったが,オレゴンに移送されることになって初めて抗議が起こったことに,米国の「隠れた人種主義」が示されていると指摘した(Bushnell, 1970)。フロインズの発言は,米国の毒ガス移送反対運動に対する沖縄からの批判が,米国側の運動内部でも一部共有されていた可能性を示している。

さらに，当時困難であった毒ガス問題をめぐる「連帯」のための新たな意味構築が，退役軍人の証言とそれに基づき調査し，報道し続けるジャーナリスト，環境市民団体の努力によって始まりつつある[8]。毒ガス移送から40年を迎えた2011年以降，退役軍人の証言に基づき，米軍占領期の沖縄における毒ガスの貯蔵，使用，廃棄，そしてそれに伴う健康被害の実態が明らかにされ，退役軍人による補償を求める裁判と並行する形で地方自治体が日米政府に対して環境調査を要請するまでに至っている（沖縄タイムス，2011）。証言する退役軍人自らが化学兵器の管理や使用に関与し，長期にわたる健康被害を患い重病となることが多いにもかかわらず，軍からの適切な治療や補償を十分に受けてこなかった。退役軍人が自らの健康被害の経験を通じ，知らずに沖縄の人びとを化学兵器に曝してしまったことを案じている[9]。世界各地の前線，米軍基地を転々としながら化学兵器に曝されてきた退役軍人たちの痛苦の証言が，私たちが国境を越えて軍事優先主義に抵抗するための回路となっている。

---

8) ベトナム戦争で使われた枯葉剤「エージェント・オレンジ」が沖縄でも使用され，地中に埋めるなどの方法で廃棄されたことの詳細が，退役軍人への取材を行うジョン・ミッチェルの記事で次第に明らかにされつつある（Mitchell, 2011a & 2011b など。ミッチェルのHPにある "Agent Orange on Okinawa"（http://www.jonmitchellinjapan.com/agent-orange-on-okinawa.html）を参照）。そのような事実に基づき，「沖縄・生物多様性市民ネットワーク」（http://www.bd.libre-okinawa.com/）などは，政府や自治体への汚染調査の要請活動を行っている。
9) YouTubeなどで配信されている退役軍人ジョー・シパラ（Joe Sipala）へのインタビューを参照 "Agent Orange on Okinawa."（http://www.youtube.com/watch?v=xIC058zyUos）。ここで証言する退役軍人は，在沖米軍基地に配置されていたときに基地フェンス沿いで枯葉剤を使用したことを証言している。

❖ ポスト 3.11 における「連帯」の可能性

　毒ガス事件・移送をめぐる意味構築のありようを明らかにしてきたが，そこから見えてきたのは，遠く離れた地に住む他者との「連帯」を，住民・市民運動はいかにして築いていくことができるのか，それはどのような思想や実践によって可能なのだろうかという問いではないだろうか。

　異なる地域の住民間の対立や連帯の困難さが生まれる過程を明らかにしながらも，その連帯の可能性を探っていくことは，福島第一原発事故に端を発した放射性物質による環境や人体，食への汚染が拡散され深刻さを増すなかで，おそらくこれまで以上に重要な課題となったはずである。半永久的に制御不能なかたちで原子力を放出し続ける放射性物質の拡散と，それに伴う被曝経験を通じて，多くの人びとが原子力産業の実態や放射性物質による健康被害などについて認識を深めることとなり，それが脱原発運動の世界的な広がりにつながっていった。さらに人びとの関心は原子力産業の今だけでなく，広島や長崎での原爆投下，ビキニ環礁など太平洋諸島で繰り返されてきた核実験，スリーマイルやチェルノブイリでの原発事故を経てなお肥大化してきた原子力産業への批判など，過去数十年にわたる原爆，核実験，原発労働の被害や補償の実態など，境界や時を越えた問題にまで広がり続けている。

　しかし一方で，私たちは解決が困難な問題に改めて直面している。数十年を要するといわれる福島第一原発での事故処理が続くなかで，「いったいどの地域の誰がこの危険・汚染物質を背負っていくのか」という問題である。それらの一つに，環境省が「被災地との痛みの共有」を目的に始めた震災がれきの広域処理の問題がある。放射性物質で汚染されたがれきを全国自治体で処理することが，はたして「痛みの共有」になり得るのかが問われてきたが，放射性物質による汚染から逃れるために全国各地に避難する人びととの間からは，が

れきの広域処理が放射性物質の汚染の拡大につながり，その結果，どこにも住めなくなってしまうと懸念する声も聞かれる（読売新聞, 2011）。被曝の恐怖に苦しむこれらの人びとの声を聞き逃してしまえば，〈被災地〉と〈受け入れ自治体〉の間では，「痛みの共有」に向けての対話につながる回路を見出すことはできなくなってしまうだろう。これらの声を聞き逃さず，県境，国境を越えて広がる放射性物質という脅威をどのように問題化し得るか，そして放射性物質を拡散する原発や核兵器に対する抵抗運動，汚染された食や環境から生命を守る運動間の連帯をどのように築いていけるかが，今問われているのである。

●ディスカッションのために
1 在沖米軍の普天間飛行場が，あなたの暮らす地域に「移設」されることになれば，あなたやあなたの近所の人びとはどのような反応を示すだろうか。
2 たとえば，あなたやあなたの近所の人たちが，地域にある「迷惑施設」やそこからの廃棄物の撤去を求める運動をこれまでしてきたが，近く別の地域に「移設」されるとしよう。あなたならどうするだろうか。
3 「迷惑施設」の存続あるいは受け入れに反対する二つの地域が，連帯して抵抗することは可能だろうか。

引用・参考文献
朝日新聞（1969）「枯葉剤の原料を生産 大牟田の三井東圧 ベトナムでも使用 外務委」，「ベトナムへの直接輸出せず」7月24日付朝刊, 2面。
安仁屋政昭（1969）「基地沖縄の毒ガス事故」『日本の科学者』9月号, 36-37。
池田理知子（2010）「コミュニケーションの諸相―コミュニケーション能力から〈想像／創造する力へ〉」『メディア・コミュニケーション論』池田理知子・松本健太郎［編著］, ナカニシヤ出版, 3-14頁。
大城 博（1971）「（ドキュメント）毒ガス撤去作戦」『世界』11月号, 93-123。
大田昌秀（1995）「（インタビュー）二一世紀まで基地を残す事はできない」

『世界』12月号,22-30。
沖縄タイムス (1970a)「米国は"最低の国"—ハワイ州 日系議員が反戦決議」5月8日付夕刊,1面。
沖縄タイムス (1970b)「恐ろしい毒ガス輸送:米国内で大問題に—沖縄は大丈夫か 留学生が屋良主席に手紙」5月8日付夕刊,3面。
沖縄タイムス (1970c)「毒ガス問題—米留学生の手紙から 想像絶する威力 主席先頭に無毒化運動を」5月23日付夕刊,3面。
沖縄タイムス (2011)「枯葉剤「看過できぬ」首長ら調査要求」9月6日〈http://www.okinawatimes.co.jp/article/2011-09-06_23069/ (アクセス:2011年10月29日) ／2013年3月26日現在アクセス不能〉。
小山内 宏・田村三郎 (1971)『沖縄における毒ガス剤兵器移送計画"レッド・ハット"作戦に関する調査研究報告』原水爆禁止日本国民会議。
国会会議録データベース (1969a)5月20日衆議院内閣委員会会議事録。
国会会議録データベース (1969b)7月23日付衆議院外務委員会会議事録。
国会会議録データベース (1969c)7月24日衆議院本会議事録。
中村梧郎 (1995)『〈グラフィック・レポート〉戦場の枯葉剤—ベトナム・アメリカ・韓国』岩波書店。
藤田正一 (2008)『クラーク魂—まぐれで北大副学長になった男の半生』柏艪舎。
読売新聞 (1970)「[世界の論調]アメリカの矛盾—きらわれもの」8月20日付朝刊,4面(『ボルチモア・サン』紙8月18日記事を翻訳し転載している)。
読売新聞 (2011)「熊本へがれき受け入れ反対,避難者ら署名活動」(地域版・熊本)9月13日〈http://kyushu.yomiuri.co.jp/local/kumamoto/20110913-OYS1T00219.html/ (アクセス:2011年11月7日) ／2013年3月26日現在アクセス不能〉。
琉球新報 (1970)「毒ガス問題30日に抗議集会,本土の民主団体"米の姿勢は人種差別"」5月26日,9面。
琉球新報 (1971)「取材記者座談会—毒ガス撤去と今後の対策」1月14日,3面。
琉球新報 (2011)「米,兵器処理施設を閉鎖—毒ガス移送から40年」1月13日〈http://ryukyushimpo.jp/news/storyid-172252-storytopic-3.html〉(アクセス:2013年3月26日)〉。
ランペル,E. (1995)「ジョンストン環礁—毒ガス兵器処理施設で多発する事故」『月報 反核太平洋パシフィカ』2月号,舟田 正 [訳],4-12 (Pacific Islands Monthly, February 1995 初出)。
ローズ,S. (1970)『生物化学兵器』須之部淑男・赤木昭夫 [訳],みすず書房。

(Rose, S.（1968）*CBW: Chemical and biological warfare*. Boston, MA: Beacon Press.）

Alailima, K.（n.d.）"Pacific unites for safe disposal!" Chemical Weapons Working Group. 〈http://www.cwwg.org/Pacific.html（アクセス：2013 年 3 月 26 日）〉.

Bushnell, A.（1970）"Nerve gas rally focuses on how to continue fight." *Daily Emerald*. May 25.

Digital National Security Archive Database.（1969a）. "Okinawa/Japan: Nerve gas incident causes furor," confidential intelligence note, July 25. Collection: Japan and the U.S., 1960-1976. Item number: JU01104.

Digital National Security Archive Database.（1969b）. "Rèmoval of gas weapons from Okinawa," secret memorandum, September 29. Item number: JU01123; "Removal of chemical weapons from Okinawa," secret letter, October 1, Item number: JU01126.

Ellensburg Daily Record（1970）"People against nerve gas group formed in Seattle." April 6, p. 6.

Lobel, L. K., & Lobel, P. S.（2008）"Contaminants in fishes from Johnston Atoll," proceedings of the 11th International Coral Reef Symposium, Ft. Lauderdale, Florida, 7-11 July.

Marshall, S.（1996）*Chemical weapons disposal and environmental justice*. Education Foundation of America.

Mitchell, J.（2011a）"Evidence for Agent Orange on Okinawa : U.S. veterans speak about its harm to their health and their struggle for justice."（*Japan Times*. April 12）. 〈http://www.japantimes.co.jp/text/fl20110412zg.html（アクセス：2013 年 3 月 26 日）〉.

Mitchell, J.（2011b）"Okinawa vet blames cancer on defoliant: VA refuses aid amid Pentagon denial of Agent Orange at bases."（*Japan Times*. August 24）. 〈http://search.japantimes.co.jp/cgi-bin/nn20110813a1.html（アクセス：2013 年 3 月 26 日）〉.

第5章

「ヒバクシャ」の声はなぜ聞こえないのか

マーシャル諸島の人びとが伝えたいこと

「ブラボー水爆実験50周年記念式典」で抗議する人びと（筆者撮影, 2004）

「マーシャル諸島の人びとが，核実験プログラムを通じて，冷戦時代に自由世界を守ることに貢献されたことに，心から感謝の意を表明いたします。……この多大な貢献は，すべてのマーシャル諸島の人びとが誇りを持つべきものです」（グローバルヒバクシャ研究会, 2005：pp.354-355）。

これは2004年にマーシャル諸島の首都マジュロで行われた「ブラボー水爆実験50周年記念式典」で，在マーシャルアメリカ大使が行ったスピーチの一部である。この式典当日朝，ブラボー水爆実験の被害者を中心として，大規模な反米・反核デモが行われたにもかかわらず，一連の核実験被害に関する加害責任を認めていないどころか，「国際平和」に貢献したとしてマーシャル諸島の人びとに対する「感謝」の言葉すらここでは述べられている。都合の悪いことを「隠そう」とする力は，こうしたスピーチにも表れている。

1 届かない「ヒバクシャ」の声

❖「死の灰」を浴びた南の島

マーシャル諸島は太平洋のほぼ中心に位置する島国である（図5-1）。そこはサンゴ礁の白い砂浜，エメラルドグリーンの海，生い茂るココヤシに象徴される典型的な「南の島」であるが，アメリカが行った核実験による「放射能汚染」という重大な問題を抱える地でもある。核実験は，1946年にビキニ環礁で開始され，翌年からは，エニウエトック環礁でも行われた。1958年まで続けられた核実験のなかでも，とりわけ1954年に行われた水爆実験は，ロンゲラップ環礁を含むマーシャル諸島北部環礁に甚大な放射能環境汚染をもたらした。その「死の灰」を浴びた人は，深刻な健康被害にいまなお苦しんでいる。

ヒバク[1]直後から，マーシャル諸島の人びとは，国際社会にその実態を訴えるとともに，アメリカに対して核実験被害補償要求を行ってきた。しかし，その声はマーシャル諸島以外の地には届かなかったし，いまだに届いているとは言い難い。そして，彼（女）ら自

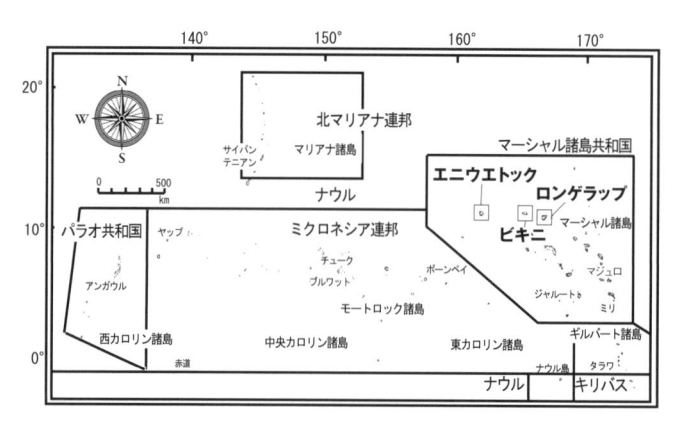

図 5-1 マーシャル諸島

身が発したとしてもその声は弱い。たとえば、マーシャル諸島観光局のホームページにアクセスすると次のような文章が現れる。

The Marshall Islands Visitors Authority welcomes you to our beautiful islands.[2] (マーシャル諸島政府観光局は、みなさんを美しい島々へといざないます)。

このホームページを見る限り、ヒバクの深刻な被害は伝わってこない。

❖ビキニ環礁の世界遺産登録

ビキニが世界遺産登録されて間もない2010年8月に、筆者がマーシャル諸島を訪れたときも、現地の人びとは意外なほどに醒めていた。「核実験という人類の過ちを国際社会が認めた」と湧き上がっているに違いないと思っていた筆者は、肩透かしを食ったように感じたのだった。また、マーシャル諸島にいくつかある核実験被害地の一つ、ロンゲラップ環礁自治体では、ヒバクの歴史を後世に伝えるための「ロンゲラップ平和ミュージアム」を作ろうという動きが起こっていたのだが、計画から10年以上たった今も実現していない。ところが、人びとはそれほど落胆していないのである。

---

1) 一般的に、核爆弾の被害を爆弾による被害という意味で「被爆」を、そして原発の被害は放射能に曝されることから「被曝」という漢字を当てる。ヒバクをカタカナで書くのには、原発、あるいは核爆弾にかかわらず、それらの被害を同じ核問題として考えるためであり、国際的な連動性をもたせるためでもある。核による被害を国際社会に訴え、核をなくしていこうという意思を含む。ヒバクした人を「ヒバクシャ」と呼び、いまや、Hibakusha は、国際的にも通用する言葉となっている。
2) マーシャル諸島政府観光局ホームページ
〈http://www.visitmarshallislands.com/ (アクセス：2013年3月12日)〉。

第II部　メディアによってつくられる「現実」

本章では，マーシャル諸島においてヒバクがどのように表象されているのかを考える。ヒバクの実態はどのように伝えられてきたのか，あるいは伝えられなかったのだろうか。そして人びとはどのように表象されてきたのか，それに対して彼（女）らはどのような思いをいだいているのだろうか。ここでは，アメリカ政府，政府観光局や地方自治体のホームページ，テレビ番組，そして人びとの語りを手がかりに，この問いに応えてみたい。

2 アメリカ政府による核実験被害の隠蔽

❖ ビキニ環礁住民の強制移住と飢餓

1946年7月1日，ビキニ環礁で行われた最初の核実験は，国連の各国代表やジャーナリストが招待され，しかも全米にラジオでその模様が伝えられるという，いわば「核実験ショー」のような趣であった。1988年にアメリカ人映画監督ロバート・ストーンが製作した映画『ラジオ・ビキニ（*Radio Bikini*）』にも，当時の様子が描かれている。核実験場となったビキニ環礁の「ビキニ」が，当時発表された女性のセパレートタイプの水着の名前になったことからも，核実験が「ショー」的な扱いを受けたことの一端がうかがえる。

この核実験は，世界中に伝えられると同時に，人びとに衝撃を与えた。しかし，その伝えられた内容は偏ったもので，自給自足的生活を営んでいたビキニ環礁住民167人が，彼（女）らにとっては環境の異なる未知の土地，ロンゲリック環礁に強制移住させられたこと，しかも2年後には彼（女）らが深刻な飢餓状態に陥ったことが伝えられることはなかった。ア

図5-2　1946年7月1日の核実験

メリカの圧倒的な権力の下で，その技術力が誇示されるのみで，核実験被害者の声はかき消されていったのである。

❖ ロンゲラップ環礁住民の放射線障害

　核実験のなかでも最も大きな被害をもたらしたのが，1954年3月1日の水爆実験「ブラボー」である。その時の核実験でヒバクし，現在も故郷を離れ，避難生活を続けているロンゲラップ共同体の人びとの声は隠され続けてきた。

　水爆実験によって放出された「死の灰」は風に流され，核実験が行われた地から210キロメートル東に位置するロンゲラップ環礁に降り注いだ。このときロンゲラップ環礁の住民82人は，この「死の灰」によってヒバクした。核実験が行われたその晩から，頭痛，嘔吐，目の痒み，倦怠感などの急性放射線障害を発症し，その後，脱毛ややけどなどの症状も現れた。そして，3日後には米軍によって軍事施設に収容された。

　しかし，彼（女）らの存在はアメリカ政府によって隠されてしまう。たとえば，核実験から3週間後に，ヒバクシャたちが収容されているクワジェリン環礁軍事基地を視察したアメリカ政府の核実験担当役人は，彼（女）らは「元気で幸福そうに見えた」と述べてい

図5-3　1954年3月1日の「ブラボー」実験

る（高橋, 2011：91）。実際は、やけどを負い、頭痛や嘔吐、脱毛の症状に彼（女）らが苦しんでいる頃であった。

その後も、生後8時間後に死亡した子供の死因を単なる栄養不良であるとするなど、ほとんどの女性が体験したであろう死産・流産、および奇形児の出産をアメリカ政府は隠していく。また、ローカルフードを食べて起こる下痢や嘔吐、唇の腫れ、皮膚疾患、倦怠感、頭痛、風邪を引きやすくなるなどのさまざまな症状も現れ始めたが、体に出た湿疹をアメリカ人医師に「アレルギー」の一言で片づけられた女性のように、ここでもアメリカ政府はその症状と核実験との因果関係を認めようとはしなかった。

1966年からは甲状腺異常、1970年代にはいると白血病やガンといった放射能の影響が強く疑われる病気が増加した。しかし、アメリカ政府は、いずれの病気についても核実験との因果関係を認めてはいない。

3 メディアによる「ヒバクシャ」の表象

❖「ヒバクのことしか聞かない」メディア

ヒバクの実態が隠されてきた一方で、マーシャル諸島の人びとのヒバクシャとしての側面が過度に強調される視線も同時に存在する。ロンゲラップの人の次の言葉にそのことが表れている。

> いろんな人が来ました。アメリカ人。日本人。新聞記者。研究者。テレビ局の取材。みんな同じことを聞いてきました。核実験のときの話。そのあと、私がどんなに苦労したか。流産した時のこと。もういい加減、話すのに厭きてきました（中原, 2009：12）。

マーシャル諸島に長期滞在し、現地調査をしているときに筆者が

経験した次のエピソードも，ヒバクシャとしてのみ，まなざされてしまうといった現地の人びとの実情がうかがわれるものだった。

あるテレビ局のスタッフから，筆者が現地のヒバクシャにインタビューしている様子を取材させてほしいという依頼があったので，その申し出を受けたのだが，取材の途中で，ヒバクのことを聞いてくれという注文がディレクターから入ったのだった。それは，ちょうどインタビューを受けてくれた女性にフォークロア[3]を聞いているときであった。

筆者がその注文には応じられないことを伝えると，テレビ局側は彼女に直接インタビューし始めた。インタビュー終了後，「あの人たちは，ヒバクのことしか聞かない。だから，やけどをしたこととか，流産もしたことなんかを話しておきました。みんな聞きたいことは同じだ」と，その女性は半ばあきれた様子で語ってくれた。

✣「かわいそうなヒバクシャ」という物語

こうしたエピソードは，たった一つのヒバクというフィルターを通してしか現地の人びとが見られていないことを物語る。現地には，ヒバクについて語りたい人もいるだろうし，語りたくない人もいるだろう。そうしたさまざまな声があるのに，ヒバクシャという画一的なイメージで見てしまうというステレオタイプに陥ってしまっているのである。そして，そのイメージ作りに加担しているのがメディアであり，「かわいそうなヒバクシャ」というわかりやすい物語がそこで生み出されるのである（田仲，2010：p.141）。

それでも，ヒバクは重大な事件だからそのことにスポットライトが当たるのは当然である，という考え方もあるだろう。しかし次の事例は，ヒバクというフィルターのみで現地の人びとを見ることが

---

[3] フォークロアとは，地域社会に残っている慣習や伝承のこと。

いかに問題であるかを物語っている。

テレビのドキュメンタリー番組で紹介された教会で寝泊まりする男性は,信頼されているがゆえに夜無人になる教会の番を頼まれていた。しかし,その番組のナレーションでは,「ヒバク後は,奥さんとも離婚し,娘さんとも別居し,1人暮らしをしている」と説明された。妻との離婚は,ヒバクとは全く関係ない理由であるし,娘一家の家では共に食事をしているし,孫にとっては家族の系譜を教えてくれる立派な「おじいさん」であるにもかかわらず,そこでは「かわいそうなヒバクシャ」として表象されているのである。

❖ヒバクによって排除される語り

あるヒバク三世の若い女性が筆者に次のように語ったこともあった。

> ほかの人は,ヒバクのこと,流産のことばかり聞きます。私たちはそればかり話したくありません。あなたは昔話とかおじいさんのこととかちゃんと聞いてくれます。これは私たちの文化だから(マーシャル諸島在住,20歳代,女性)。

人びとが生き生きと話してくれるのは,「マーシャル諸島にはホームレスがいない」という相互扶助(マーシャル語でチバン)が今でも存続していることであったり,マーシャル諸島の伝統食の作り方であったりする。しかし,そういうことを尋ねる人びとは多くはないのだ。

私たちは,自分たちと違う部分や異なる経験をしている「異質な他者」と出会うと,その部分をどうしても注視してしまう(板場,2010:p.107)。特にヒバクという過酷な体験をした人を見ると,「かわいそうな人たち」というステレオタイプな見方をしてしまう(中

原, 2007：p.3)。しかし，そうした「ヒバクシャフィルター」を通して見るということは，その他の見方が排除されてしまうことでもある（田仲, 2010：p.141)。こうして，人びとが語りたい相互扶助や伝統食という「文化」の部分は排除されることになる。そして，こうした部分が排除されることに対して人びとは違和感を覚え，自分たちがまるで否定されているかのような感覚に陥り，結局，ヒバクの体験を語ることを避けるようになってしまうのだ。

4 ヒバクの「商品化」

❖ 世界遺産「ビキニ環礁」

近年になって，核実験の歴史を伝えていこうという取り組みが始まった。しかし，核実験場跡地であるビキニ環礁の観光地化や，ロンゲラップ自治体による平和ミュージアム構想の頓挫といったように，その取り組みがうまくいっているとは言い難い。

マーシャル諸島北西部に位置するビキニ環礁のエニュー島は，1996年からビキニ環礁地方自治体が運営する観光地となっている。2004年ごろから数年間は，飛行機トラブルや燃料の高騰などで，一時閉鎖されていた時期もあったが，2012年1月現在では再開されている。

ビキニ環礁は23回の核実験が行われ，最大規模の水爆実験「ブラボー」が行われた場所でもある。実験の際に標的となったアメリカや日本などの戦艦が，ラグーン内の海底に沈んだままになっている。こうした戦艦をめぐる「沈没船スキューバダイビン

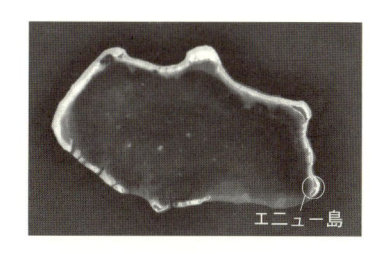

図5-4 ビキニ環礁とエニュー島

グ」がここの観光の目玉となっており,スキューバダイビングをセットにしたツアーなどをビキニ環礁地方自治体が運営している。ホームページによると,クワジェリン環礁からビキニ環礁までの往復航空券および12泊13日の滞在費が,ダイビング費用込みで5,600ドルとなっている[4]。2004年ごろには,年間200人がこのツアーに参加しており,けして少ない数ではない(グローバルヒバクシャ研究会,2005：p.213)。

しかし,このツアーに参加しても,核実験の際,強制移住させられ,避難先で飢餓状態に陥った人びとの実態はわからない。このダイビングツアーの参加者に感想を聞くと,沈没した戦艦から核実験の威力に驚いたことや,魚の美しさやさんご礁の自然に感激したことを語るだけであった。ロンゲラップのヒバクシャとビキニの被害者を混同していたりと,このツアーではヒバクの歴史認識を得ることは難しいことが伝わってきた。

ビキニ環礁の観光事業の立案・実施は,住民ではない。事業を進め,現在も管理しているのは,ビキニ環礁地方政府で働いているリエゾン(広報)で,もともと平和部隊隊員としてマーシャル諸島にやってきたアメリカ人である。

2010年,ビキニ環礁はユネスコの世界文化遺産に登録された。しかし,それはビキニ環礁の人びとによる世界遺産化へ向けた動きではなかった。オーストラリア人女性[5]が,マーシャル諸島の世界遺産化のアイデアをビキニ環礁地方政府にもちかけ,ノルウェー政府の助成金をとり,世界遺産登録を行った。したがって,世界遺産

---

[4] ビキニ環礁自治体ホームページ〈http://www.bikiniatoll.com/(アクセス：2013年3月12日)〉参照。

[5] この女性の職業はグラントライターである。グラントライターとは日本ではまだ一般的ではないが,政府や財団からの助成金を獲得するための申請書を,申請者に代わって作成する職業である。

登録については，マーシャル諸島政府やビキニ環礁政府はあまり関与していなかったのである。

　また，ビキニ環礁の観光地化や世界遺産登録は，核実験被害という希少な事象を「商品化」しているともいえる。マーシャル諸島の人びととはそうした構造には敏感である。「核実験で金儲けするのは，弁護士，科学者，研究者，外国の旅行会社」だという声も筆者の耳に入ってきた。それは，現地の人びととの関係性を問われる本質的な問題を，筆者が突き付けられたかのようだった。

❖「ロンゲラップ平和ミュージアム」構想

　1999年，ロンゲラップ環礁では，「ロンゲラップ平和ミュージアム」構想が発表された。そこには，ヒバク地やヒバクシャたちの写真，ヒバクシャたちの日記やメモ，公開されたアメリカ政府文書，国連関連文書などが陳列される予定であった。

　ところが，計画から10年以上経過した現在でもその構想は実現していない[6]。これはよく言われるような観光産業に不都合なものを隠すためだけではなく，マーシャル諸島の土地問題にかかわることによるものだ。マーシャル諸島では，土地は親族や首長が重層的に権利をもっており，土地の譲渡には権利者代表3名の承認が必要となる。この承認を得ることができずに，売買や賃貸がスムーズに進まないことが多く，ロンゲラップ平和ミュージアムの土地探しも他の賃貸・売買契約と同様に難航しているのである。

　ただし，計画が頓挫したままの現在でも人びとはそれほど落胆し

6）マーシャル諸島では土地はほとんどが親族集団によって共有されており，複数の土地を統括する首長も存在している。つまり一つの土地から見ると，親族集団メンバー，親族長，首長という3段階の土地権利が存在し，1人でも賛成しない場合には，外部者は土地の利用ができないのである。

ているわけではない。その理由としてはおそらく、このロンゲラップ平和ミュージアムもビキニ環礁の観光地化や世界遺産化と同様、ヒバクシャのなかから出てきた計画ではないというところにあるだろう。構想を発表したのは、当時のロンゲラップ選出の女性国会議員で、彼女はヒバクシャではないため集団避難地に住んではおらず、首都に居住していたのだった。

平和ミュージアムは、もしも実現すれば、共同体全体にインパクトを与えた核実験の実相を伝えるメディアとなることは間違いない。しかし、現地の人びとが望んで出てきた計画ではないし、彼（女）らがそれを通して何を伝えたいのかが問題とされなければならないのに、そうした議論にはなっていないのが実情であり、このままでは実現の可能性は低いといわざるを得ない。

5 「ヒバクシャ」の声を届けるために

❖ 何が世界遺産になったのか

ビキニの世界遺産化と、ロンゲラップ平和ミュージアム構想のいずれも現地のヒバクシャや被害者から内発的に起こった計画ではなかったからこそ、マーシャル諸島で初めての世界遺産にもかかわらず、人びとが沸き立つこともなかったし、「ロンゲラップ平和ミュージアム」構想の中断に落胆することはなかったことが見えてきたが、他にも考えなければならない問題がある。

まず、ビキニ環礁が世界遺産となった理由が重要である。世界遺産には、自然遺産、文化遺産、そして複合遺産があるが、ビキニ環礁は、文化遺産のみであることに注意しなければならない。

つまり、世界遺産として評価されたのは、爆発的な破壊力をもつ核爆弾であり、そこでは核を破壊の道具として使用した人間の行為が「負の文化」として残されるべきものとしてとらえられており、

サンゴ礁の豊かな自然の上に構築された生活文化が評価されたわけではない。ここは，ヒバクという側面に一元化された文化遺産なのであって，ヒバクのみがハイライトされている姿が見て取れる。

❖ ニュークリア・サバイバーズ

　ヒバクの被害者としてのみ，見なされることを拒絶する動きは，休日の名称変更に表れている。ブラボー水爆実験の日である3月1日は，国民の休日となっている。その日は，もともと「ニュークリア・ビクティムズ・リメンバランス・デー（核実験被害者追悼の日）」と呼ばれていたが，2003年に「ニュークリア・サバイバーズ・リメンバランス・デー（核実験体験者を記憶にとどめる日）」と名称を変更した。翌2004年のブラボー水爆実験50周年記念式典に出席した筆者に，一緒に行ったロンゲラップの女性は，「どうして今日の日の名前が変わったかわかりますか。私たちは犠牲者という言葉は嫌いです。生き抜いてきたんです」というのだった。この名称の変更はヒバクシャの女性からの要求だったという（グローバルヒバクシャ研究会，2005：p.249）。受動的なヒバクシャではなく，ヒバク後，今日まで主体的に生き抜いてきた姿や歴史を見てほしいという声がここには表れている。

　世界遺産に沸き立たない人びと。平和ミュージアム中断に落胆しない人。これは，加害者であるアメリカにはヒバクを隠され，ヒバク加害者以外からは，ヒバクシャとしてのみ，まなざされることへの抵抗だと考えられないだろうか。

　被害のシンボルとして残された広島の原爆ドームも，保存が議論され始めた1960年代には，被害が「商品化」されることへの嫌悪感をもつ人もいたというが（奥田，2010：p.355），ヒバクシャを多く抱えるマーシャル諸島でもそのような感情を抱いた者は多い。ヒバクの部分だけを見ようとしてしまう外部からの視線と，そこから派

生する「あなたはヒバクシャなのだから，それらしくふるまいなさい」という見えない強制に[7]，内からの声が抵抗しているのである。

これまで人びとは，「負の遺産」の記憶をフォークロアや歌として残してきた。語り継ぎ，歌い継ぐことがそれを忘れないということであったはずなのだ。将来平和ミュージアムが開設された場合，こうしたものをも並行して「展示」するならば，人びとをヒバクシャというステレオタイプに押し込めるのではなく，人びとの生活や「文化」をも「展示」していくことにつながるのではないだろうか。そうすれば，ロンゲラップ平和ミュージアムは，ヒバクシャに一元化しない地平を提供できるはずである。

❖ ヒバクから豊かな「文化」に開かれた問いへ

私たちは，都合の悪いことがなぜ隠されてきたかを考えるにあたって，加害者が隠そうとする側面にばかりこれまで焦点を当ててきたように思う。そればかりではない。ヒバクに一元化しようとする視線，つまり典型的な被害者を探そうとする視線そのものが彼（女）らの日常の姿を隠してきたのだといえる。

私たちは，彼（女）らに多様な問いを投げかけていくことが必要なのではないだろうか。「ヒバクの体験を乗り切るのに誰に助けてもらいましたか」「ヒバクでつらい体験をしているとき，マーシャル諸島の伝統食を持って，お見舞いに来てくれたところはありましたか」といった問いは，ヒバクのみに閉じられた問いではない。ヒバクを軸としながらも，人びとが生きている豊かな「文化」にまで開かれた問いとなっている。

自らの聞きたい情報のみを聞いていると，他者は心を閉ざしてしまい，対話を拒否し，おざなりな答えしか返してこないかもしれな

---

7) 障がい者について要求することと同じである（岩隈，2002）。

い。他者の発信したい声にも耳を傾けなければ、ヒバクという被害が私たちには伝わらないだろうし、ヒバクシャはヒバクという負の歴史を背負っているだけではなく、「故郷」の人と自然のなかで生きているという当たり前のことに気づくことができないのではないだろうか。

ヒバクだけでつながる関係性ではなく、私たちはヒバクシャとの間の多様な関係性の構築を、目指していかなければならないのだ。

●ディスカッションのために
1 「ヒバクシャ」に対するステレオタイプなイメージを変えるためには、どうしたらいいだろうか。
2 ヒバク地と呼ばれるところに現地調査のために行ったとしよう。あなたなら現地の人にどういうことを聞くだろうか。
3 日本が唯一の被ばく国と呼ばれることの危険性について話し合いなさい。

引用・参考文献

池田理知子(2011)「日常に浸透するグローバル化と戦争」『メディア・コミュニケーション論』池田理知子・松本健太郎[編著],ナカニシヤ出版, 125-140頁。

池田理知子・クレーマー, E. M. (2000)『異文化コミュニケーション・入門』有斐閣。

板場良久(2010)「異文化接触と解釈」『よくわかる異文化コミュニケーション』池田理知子[編著],ミネルヴァ書房, 106-107頁。

岩隈美穂(2002)「障がい者,高齢者とのコミュニケーション」『多文化社会と異文化コミュニケーション』池田理知子[他編],伊佐雅子[監修],三修社, 140-147頁。

奥田博子(2010)『原爆の記憶―ヒロシマ/ナガサキの思想』慶応義塾大学出版会。

グローバルヒバクシャ研究会[編](2005)『隠されたヒバクシャ』凱風社。

高橋博子(2011)「「安全神話」は誰が作ったのか」『現代思想』5月号, 114-122。

田仲康博 (2010)「メディアと文化」『よくわかる異文化コミュニケーション』池田理知子［編著］, ミネルヴァ書房, 140-155頁。
中原聖乃・竹峰誠一郎 (2007)『マーシャル諸島ハンドブック』凱風社。
中原聖乃 (2009)「なぜ文化人類学で核問題をあつかうのか――マーシャル諸島核実験被ばく問題を手がかりとして」『日本オセアニア学会ニュースレター』12-20。

第6章

メディアとしての原子力／メディアのなかの原子力

米軍占領下の沖縄における「原子力発電」計画の意味

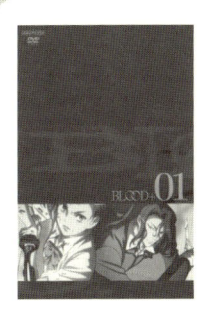

BLOOD+ (1) 完全生産限定版 [DVD]
(アニプレックス, 2005)

　アニメ『BLOOD+』(ブラッドプラス)の第一話は，米軍が軍事目的に研究していた翼手(怪物)が，沖縄の中部地区で脱走し，高校の教諭を殺害することから始まる。殺害された教諭(稲嶺純一郎)の遺体(証拠)は米軍によって持ち去られる。小泉純一郎首相と稲嶺恵一沖縄県知事を連想させるこの教諭の名前とその遺体持ち去りが示すのは，2004年8月13日に沖縄国際大学に墜落した米軍ヘリがストロンチウム90という放射性物質を拡散させたこと，そしてその証拠となるはずだった事故機体と墜落現場の土壌が米軍によって持ち去られたことである。これは，私たちが直面する軍隊と放射性物質をめぐる「現実」の一端である。

1 はじめに

❖沖縄と原子力発電

沖縄に原子力発電所はない。建設中や建設申請中の計画もない。にもかかわらず沖縄と原子力発電の関係に言及するには、次のような理由がある。

まず、日本への原子力発電導入の経緯については、すでにいくつかの研究がある。アメリカによる冷戦下の核兵器開発競争、発展途上国の囲い込み、反核運動への対抗的なプロパガンダなどをスムーズにするために発電システムとしての原発の導入を柱とする「原子力の平和利用」などのメディア戦略が明らかにされている（有馬, 2008）。

だが、連合国の間接統治から国際社会へ復帰した日本と違い、米軍の直接統治が継続する沖縄で、米軍は「原子力発電所」をどのように利用したのかという問いはいまだ手つかずのまま残されている。

❖本章が明らかにしたいもの

本章では、1950年代の沖縄で、米軍による原子力発電所の設置計画が公報雑誌や新聞などのメディアを通じてどのように流通したのか、そして「原子力」という言葉が米軍による沖縄の経済発展や生活向上と接続され、その言葉が形を変えながら米軍の長期占領を推進するメディアとして機能してきたことを読み解いていく。

そのことによって、日本でも「原子力」が近代的生活の維持や向上という欲望を喚起しつつ、地域の管理や統治のために機能していることが見えてくるだろう。また、福島の原子力発電所の過酷事故を経験してもなお、国内の原子力発電の廃炉へと舵をきれない現状の分析への手がかりとなるだろう。

2 メディアとしての原子力

❖プライス勧告

第二次大戦後，米軍の直接統治となった沖縄では，1956年に原子力発電所設置計画の存在が明らかにされた。それは，同年6月に米下院軍事小委員会特別分科委員会の沖縄視察団（プライス調査団）による米議会への勧告（通称「プライス勧告」）だった。

プライス調査団の目的は，軍用地のための土地の新規接収と実質的買上げに対する沖縄住民の激しい抵抗をやわらげることだった。米国議会議員の視察によって，土地問題の解決に希望をもっていた住民であったが，調査団の勧告は従来の米軍の主張にそったものであった。そのためこの勧告に対して，沖縄住民から大きな反発がおこった。

> ### ●コラム　沖縄の在日米軍基地
> 沖縄の在日米軍基地は2008年度防衛白書（防衛省, 2008）によれば，県面積の約10%，沖縄本島の約18%を占めているとされる。下の沖縄の白地図に在日米軍基地の地名と場所を調べて記入してみよう。

土地問題の喧騒のなか、十分に論じられることのなかった項目が「プライス勧告」のなかに含まれていた。それは「沖縄における原子核動力」と題された部分である。プライス勧告のこの一節は、「沖縄における土地問題とは関係ないこと」であるとしながら、沖縄に小型の原子炉の導入とそれによる安定的な電力の確保を明記していた（沖縄タイムス社, 1959：p.503）。

❖「プライス勧告」に対する反論

1956年7月、「プライス勧告」に対する反論が沖縄側から出される。この反論は、住民側の要求（一括払い反対、適正補償、損害賠償、新規接収反対）に対するプライス勧告の回答に関する分析と批判に多くを割いているが、原子力発電所設置「計画」への次のような批判も書かれていた。

> 勧告は沖縄に対する同情心から原子力発電の必要性を説き、陸軍の採用した方法の非合理性を指摘し、あるいは新規接収を再考慮するよう促し、不用地の解放を求めている。
>
> しかしそのような勧告の善意がはたしてどのていど実施の面において考慮に入れられているかということについては、常に疑問をいだかざるをえない。すなわち、原子力発電というものは、単に軍の使用のためのものであって、住民生活とは無関係なものではなかろうか（沖縄タイムス社, 1959：p.511）。

原子力発電所の設置計画が、沖縄での電力大口需要先である米軍のためであることを批判したのは、米軍基地の恒久化に対する適切な反論であった。だが、土地問題と直接的な関係が見えにくいうえに、沖縄内外からの「原子力の平和利用」に関する報道やプロパガンダによって、この原子力発電所の設置計画は土地問題から遊離し

つつ，米軍による近代化，経済発展，生活向上という恩恵へとすり替えられていくことになった。

❖ある初夢

プライス勧告が出された翌年の正月の「沖縄タイムス」には，「業界の初夢　原子炉の発電所が出現すれば　ボタン仕掛けの台所　国頭の山村にもビルが」という見出しとともに原子力発電と生活様式の変化についての記事が掲載された。

この記事は，プライス勧告での原子力発電所設置計画を論拠にしながら，琉球政府の経済企画局で「「琉球の人口問題」に関するパンフレットにも「あらゆる資源に殆ど欠けている琉球にとって原子力の産業的利用面への研究の如きはちゅうちょなく取上げなければならない」」との記述を伝えている。さらに原子力発電の仕組みや，石油石炭による火力発電と比べた場合の経済性，琉球政府の「地方電化計画」などにも触れていた。まさに沖縄の将来の発展が「原子力発電」によって築き上げられるかのようだ。そして記事は，この沖縄の「初夢」を次のように締めくくる。

> 仮に沖縄に大型原子炉を一つただで作って貰うことにしてみよう。まず各家庭ではすべてが電化され，電気ミキサー，冷蔵庫などはザラにあるし，ボタン一つで何でもやれるようになるだろう。女性は家事にわずらわされず，自然に地位も向上して亭主関白は権力を失い，今春早々施行される新民法の主旨にも叶うことになる。
> 　農村では，灌漑も排水も電力ポンプでくまなくやれるし，夜は蛍光燈が村中に灯るだろう。産業は都市にかたよらないで国頭山中にも八重山にもビルがニョキニョキ並び立ち，外国なみに近代工業もボッ興する。那覇から国頭まで高速度電車でアレ

ヨアレヨと思う間に着いてしまうかも知れないし、そういう次代を担う、革命児としての原子力にちょっと関心を持つだけでも五七年元旦"初夢"の値打はあるというもの。

❖夢が覆い隠したもの

この新聞記事が掲載された1957年から58年にかけて、沖縄と米軍とのあいだの軍用地の接収をはじめとする諸問題が解決されたわけではなかった。しかし、ここで語られる「夢」は、それらの問題とは切り離されて語られている。

さらに、上記の記事から10日後の1957年1月11日に沖縄タイムスに掲載された記事「原子力発電研究に近く着手　総工費は十五億円　火力と二本立で全島電化」では、琉球政府工交局が米国の資金での原子力発電所建設の検討が報告されている。

注目すべきは、この「夢」の数々の実現が、米国および米軍による資金提供によって実現するものであるということだ。「全島電化」という近代化、経済発展、生活向上という沖縄の「夢」を設定し、その「夢」を実現する手段はすべて米国および米軍に握られていることが、土地問題や放射能不安という「現実」を一切無視して描かれる。それが沖縄の「夢」であり、この「夢」を見させることで、米軍の「原発導入」という沖縄住民に対するイメージ戦略は、沖縄の経済的側面の一切の主導権を米軍と設定し、反核・反米軍基地運動に亀裂を持ち込み、それを覆い隠そうとしたといってよいだろう。

❖夢のメッセージ

プライス勧告に従い、アメリカ陸軍省は沖縄への原子力発電所の設置を計画し、その予算案（925万ドル）を議会に提出した。しかし、この計画は実行には移されなかった。米議会予算委員会が、既存の発電施設を有効活用すれば電力は足りると結論したからであっ

第6章　メディアとしての原子力／メディアのなかの原子力　　*103*

た（沖縄タイムス，1956 年 8 月 10 日）。

　これに対し，当時の琉球政府当間重剛主席は，57 年 8 月に沖縄を訪問していたウィリアム・ブレイ米下院議員，ジェイムス・E・モーア高等弁務官，ボナ・F・バージャー民政官と会談した際，次のように原子力発電所設置計画について語っている。

　　原子炉発電は，どうしてストップになったかとたずね，これに
　　対し同議員は，廃案にはなってないと思う，原子力が平和産業
　　に利用されることは，極めて望ましいことでその実現に努力し
　　たいと語った（沖縄タイムス，1957 年 8 月 27 日）。

　アメリカ議会での予算削除など，この時点で沖縄への原子力発電所設置計画はすでに頓挫していたにもかかわらず，両者はそれぞれの「夢」（米軍の長期占領と核基地化／沖縄の経済発展）の継続として原子力発電所の設置計画を欲望していたといってよいだろう。この「夢」の共有こそが，原子力発電所設置計画の賜物であると当時に，米軍主導でなければ経済発展はないというプロパガンダそのものの役割を果たしていた。

　この「夢」を見る主体としての沖縄／「夢」を見させる主体としての米軍という構図は，「原子力」を媒介として形づくられ，一般にも拡散した。このとき，「原子力」は単にエネルギー源として存在したのでなく，メディアとして両者の「夢」のメッセージをつくりだし，広めていくものとして存在し始めていたのである。

✥引き出された陳情

　この「メディアとしての原子力」の効果は，次のように現われた。米軍は 1959 年に沖縄中部地区最大の基地の街であるコザ市（現沖縄市）の大山朝常市長から原子力発電所設置の陳情を受けることに

なった。大山市長の陳情理由は，電気料金が割高なために工業の発展が遅れているので，すでに稼働していた牧港火力発電所（宜野湾市）の原子力発電への切り替えなどで電力料金を低く抑えてほしいというものだった（沖縄タイムス，1959年3月18日）。

おそらく大山市長の陳情の意図は，電力料金の値下げ効果によって，基地からの収入以外の産業を育成しようとしたものであった。しかし，結局は産業育成のためのエネルギー源を米軍主導の原子力発電所設置に求めざるを得ない，どこまでも米軍の存在抜きに成り立たないという屈折した関係のなかに織り込まれていったのである。

これこそが米軍が繰り返した「原子力発電所設置計画」の言説が功を奏した瞬間だったといっていいだろう。沖縄の経済的発展への欲望の喚起だけでなく，そのために「陳情」という下からの要請を行わせ，それを実現すべく努力する米軍という構図は，占領の形として米軍が最も望んだものだったにちがいない。このとき「原子力」は米軍統治のためのメディアとして最も効果的なものの一つとなったのである。

❖夢の本質

こののち，米軍基地の拡大に伴う米軍の電力需要の増大という現実問題への対処と同時に，沖縄側の「全島電化」「電気料金値下げ」という「夢」に対して，アメリカ議会の承認を経て米軍は金武村（現・金武町）に4基の火力発電所の設置を発表する。原子力発電所設置計画は，火力発電所計画へと姿を変えたが，米軍はその後も長期経済計画などで「原子力発電所設置」への言及を怠らず，その欲望を喚起し続けていった。

米軍による沖縄の基地の長期使用の思惑を，経済発展という「夢」へと置換し，そしてその「夢」を継続して見させること，その「夢」を見させる主体が沖縄ではなく米軍であること。そのこと

を,「原子力」という言葉を用いて, 沖縄の人びとに拡散しようとしたのである。いわば,「米軍依存の経済発展」という長期占領のためのメッセージを流布するメディアとして,「原子力発電」が機能していたのである。これが1950年代沖縄における米軍の原子力発電所の設置計画の本質であった。

そしてこの「メディアとしての原子力」は, プライス勧告だけでなく, 米軍主導の視聴覚メディアや雑誌などによって流布された。原子力はそれ自体がメディアであっただけでなく, あらゆるメディアのなかに登場していたのである。

3 メディアのなかの原子力

❖原子力宣撫工作の必要性：反核意識

1950年代, ソ連の水爆実験と共産主義勢力の拡大に対抗しつつ, 世界の核管理体制を主導したい米国は, 同盟国への核兵器配備や原子力発電の技術供与といった戦略を打ち出した。同じ頃, 日本では, ビキニ環礁での水爆実験（☞本書84頁）と第五福竜丸事件（1954年）をきっかけとして, 原水爆禁止運動などの反核意識が形成されており, それを慰撫するための「原子力の平和利用」がさかんに喧伝されていた。

沖縄でも, 上述した土地問題での反米感情と同時に, 日本本土と同様に第五福竜丸事件を発端とした反核意識が形成されつつあった。この頃, 米国は沖縄への核関連兵器の配備を進めていた。台湾海峡や朝鮮半島の紛争をにらみ, 米国本土から核爆弾搭載可能な戦闘機の飛来, 核弾頭を発射できる原子砲, 中距離弾道弾の配備が現実のものとなっていたのである。つまり沖縄における核関連兵器の配備, 米軍基地の安定した長期使用は, 米国政府にとって重要な課題となっていた。

拡大する放射能不安,沖縄の核基地化への懸念,米軍の一方的な土地収用政策,さらにアメリカ議会の住民意見の無視などが重なり,沖縄の反基地運動は「島ぐるみ」と形容される土地闘争,反米運動へと発展していた。

また,共産主義に対する防波堤とされていた沖縄で,米軍自身が共産主義者とレッテルを貼った人物が那覇市長に当選するという事態が起こり,それまで反共政策を強力に推し進めていた米軍の占領政策が根底から破綻しかねない状況が露わになっていた。これは米軍にとって,今後の核配備や長期占領が極めて困難になることを同時に示していたのである。

このような沖縄の反米軍意識の昂揚に対し,米国政府はかなり神経をとがらせていた。1958年4月18日のワシントンでのダレス国務長官とアイゼンハワー大統領の電話会談の記録には,ダレスが「沖縄の再整理プログラム」を提案し,それによって将来の沖縄返還を容易にすることを考えなければ,「数年後には,そこでの立場を支えきれなくなるか,少なくとも安全から遠ざかるキプロスのような状況に手をこまねくだろう」(U.S. Department of State, 1994: pp.21-22) と述べるなど,沖縄の米軍統治は岐路に立たされていた。

このような状況のなかで「原子力」に関するメディア戦略が実施されたのである。

図6-1 ダレス国務長官

✣メディアとプロパガンダ

米国政府はこのような状況に対応するために,ラジオ,映画,出版物,文化センター,書籍を通じた「原子力の平和利用」の浸透をはかる計画を世界的に推し進めていた (Digital National Archives

Database, 1954)[1]。沖縄でもプライス勧告を含め米軍はさまざまな方法で「原子力の平和利用」についての宣撫工作を行うことになる。

琉球列島米国民政府（以下，USCAR）による内部文書「年次報告書（Civil Affairs Activities in the Ryukyu Islands）」の第5巻（1957年4月～9月）の「映画」の項目には，

図6-2 アイゼンハワー大統領

アイゼンハワー大統領が原子力政策に関して行ったとされる演説のフィルムが，文化センター，公立学校，琉球大学，多くの市民集会での活用のために配布，巡回されたこと，そしてそれが反共的な言論を後押しする効果を狙ったものであることが報告されている。

またこの頃，米軍は沖縄占領のための宣撫工作用の雑誌，パンフレット，ポスター，チラシなどを沖縄全土に大量に配布する。「年次報告書」の第10巻（1961年4月～1962年6月）には，米軍が1年間で住民向けに配布した出版物の総数が416万3,800部であることが報告されている。そのなかでも特筆すべきは，印刷用紙を入手することさえままならない戦後の沖縄で，カラーの写真や図版を多用して刷られた日本語月刊誌である『今日の琉球』（1957年創刊）と『守礼の光』（1959年創刊）である。これらは無料で配布され，その数は前者が毎月1万5千部（年間18万部），後者が毎月5万部（年間60万部）と報告され，合計で年間78万部であった。

これらの雑誌は経済問題から農業支援，家庭生活の向上に関す

---

1) そのなかには，国際女性会議からの賛同決議獲得や，Voice of Americaによるラジオ放送，USIA（米国情報局）による報道機関への情報提供，映画の配給，世界各地の文化センターでのパネル展，元原子力委員会のゴードン・ディーンによる『原子に関する報告』の出版（日本では白谷忠三訳で読売新聞社から1955年に出版）などが挙げられている。

図6-3 『守礼の光』創刊号（琉球列島米国高等弁務官府, 1959）

るものまで幅広く記事にしており、米軍統治による生活の向上が論じられていた。そのような記事のなかに、「原子力の平和利用」や「放射能」に関する記事も多数掲載されたのである（表6-1, 2）。

それらの中身は、原子力による発電方法や、放射性同位体(アイソトープ)の医療、農業への転用の可能性を述べたもの、そしてそのような技術の海外への提供を述べるものが多かった。その主張の背後には、米国政策に追従することで近代化や経済発展を得られるとする論調と、それを通じた反共政策があったのである。

核実験による放射能不安、核基地としての機能強化という「現実」が、医療や農業の発展として置き換えられ、沖縄の「発展」として大量の雑誌、映像のなかで語られていったのである。そして「プライス勧告」以降の「メディアとしての原子力」は、さまざまなメディアのなかに出現することで拡散し、相乗的にその効果を発揮していった。

表6-1 『今日の琉球』に掲載された「原子力の平和利用」や「放射能」に関する記事

創刊号 (1957年10月)	「原子力の平和利用」
第2巻12号 (1958年12月)	「原子力の平和利用―アジヤ諸国の多くは原子力の平和利用計画を支持」
第3巻7号 (1959年7月号)	「原子力の平和利用」
第13巻1号 (1969年1月)	「放射能について　安全管理で人類に貢献（宮国信栄）」
第14巻1号 (1970年1月)	「1968年の原子力白書―新しい段階への動き」

表6-2 『守礼の光』に掲載された「原子力の平和利用」や「放射能」に関する記事

創刊号 (1959年)	「原子力を平和へ（納富浪連子）」
第96号 (1965年12月)	「原子力利用の海上気象観測」
第113号 (1968年6月)	「動力源としての原子力の将来（米国原子力委員会委員長　グレン・T・シーボーグ博士）」
第116号 (1968年9月)	「原子力は産業を生む（W・A・スウオートワース）」
第124号 (1969年5月)	「放射線はどこまで人体に安全か（宮国信栄)」
第125号 (1969年6月)	「原子力応用技術」
第127号 (1969年8月)	「4か国で開発中の原子力商船」
第128号 (1969年9月)	「フィリピンの発展に役だつ原子力」
第136号 (1970年5月)	「原子力時代にはいる日本」

4　日常のなかのプロパガンダ

❖その後の沖縄の米軍基地依存の経済

　雑誌や映像によるメディア戦略は，上述したように経済発展，生活向上などを一般市民の欲望として設定し，それを通じて沖縄の米軍基地依存の経済を形成する要因の一つとなっていった。

　1950年代を通じて形成されたこのような構造は，統治者である米軍から沖縄へという流れとしてあった。しかし1960年代になると，沖縄の施政権がアメリカから日本へと返還されることが具体的な政治日程となり，日本政府による沖縄への間接的な援助が増加していく。そして60年代後半には，本格的な日米合作の基地経済へと衣替えし，1970年前後には日本政府による援助額が米国のそれ

を超えて、日本政府を介した米軍占領と基地依存経済が確立されていくのである。

この頃になると米軍による「原子力」という大型インフラを介した夢の形成は表舞台から姿を消していた。しかし沖縄と原子力の関係が忘れ去られるなかで、それが生み出した経済発展や生活向上の夢——それが脱基地経済であれ基地経済であれ——は、依然として米軍基地を介した日本政府による高率補助、援助によって充填され、維持されているのである。「メディアとしての原子力」は、消去されたわけではなく、米軍から日本政府へとバトンタッチされながら、その効果を維持し続けているのである。

❖私たちの思考を呪縛するもの

この構造は、沖縄だけではない。沖縄以外の日本国内の米軍や自衛隊の施設の受け入れなどをめぐっても作用するし、もちろん原子力をはじめとした電源立地地域でも、雇用創出や生活向上の「夢」を喚起させつつ、補助金や支援から脱け出せない構造を再生産してきている。

福島の原発事故以降を生きている私たちにとって、「メディアのなかの原子力」は、もはやバラ色の未来を描くための記号としては成立しないかもしれない。だが、今度はそれが経済成長や日常生活、雇用の「維持」という言葉によって復活する可能性は依然として高い。計画停電や経済の停滞、雇用問題をテコとして、「メディアのなかの原子力」は、「メディアとしての原子力」として再び「それなしでは立ち行かない」というメッセージを流布するにいたる可能性を孕んでいるのである。

作られることのなかった沖縄の原子力発電所が示すのは、実体としての原子力発電所の存否を超えて、メディアのなかに浮上する「原子力」が単なるエネルギー源の名称にとどまらず、それによっ

て喚起される欲望，そしてその欲望が達成されることへの「期待」と，達成されなくなることへの「不安」をつくり出すことで，私たちの思考を呪縛することだったといっていいだろう。そしてそれは福島原発の過酷事故を経験した今も私たちを呪縛し続けているのかもしれない。

> ● ディスカッションのために
> 1 3・11 以後，マス・メディアは経済活動と原子力発電との関係をどのような意図の下に，どのように報じてきたか，振り返ってみよう。また，本章の記述を振り返りながら，1950年代の沖縄で起きたこととの差異と類似点について考えてみよう。
> 2 自治体の公報や企業の広報には，どんな立場から何が書かれ，あるいは何が書かれていないのか。それは何を目的としているのか。具体的に探ってみよう。
> 3 国の政策や国際的な取り決めが，地方自治体の将来設計の「前提」となるような事例は他に何があるだろうか。

引用・参考文献

有馬哲夫 (2008)『原発・正力・CIA』新潮社。
荒井充雄 (2002)「原子力平和利用博覧会と新聞社」『戦後日本のメディア・イベント [1945-1960]』津金澤聰廣［編著］, 世界思想社, 247-266 頁。
沖縄タイムス社 (1956)『沖縄年鑑 1956 年度』沖縄タイムス社。
沖縄タイムス社 (1957)『沖縄年鑑 1957 年度』沖縄タイムス社。
沖縄タイムス社 (1959)『沖縄年鑑 1959 年度』沖縄タイムス社。
沖縄タイムス社 (1961)『沖縄年鑑 1961 年度』沖縄タイムス社。
小畑哲雄 (1995)『占領下の「原爆展」―平和を追い求めた青春』かもがわブックレット。
鹿野政直 (1985)『戦後沖縄の思想像』朝日新聞社。
小出裕章 (2005)「放射能汚染の危険性―消えたストロンチウム 90」『沖国大がアメリカに占領された日』黒澤亜理子［編］, 青土社, 70-83 頁。
ディーン, G. E. (1955)『原子に関する報告』白谷忠三［訳］, 読売新聞社 (Dean, G. E. (1957) *Report on the atom : What you should know about the atomic energy program of the United States.* New York: Knopf)
鳥山 淳［編］(2009)『イモとハダシ―占領と現在』社会評論社。

防衛省(2008)「2 沖縄に所在する在日米軍施設・区域」『平成 20 年版防衛白書』〈http://www.clearing.mod.go.jp/hakusho_data/2008/2008/html/k3224200.html(アクセス:2013 年 3 月 26 日)〉
中野好夫・新崎盛暉(1976)『戦後沖縄史』岩波書店。
新原昭治(2002)『「核兵器使用計画」を読み解く アメリカ新核戦略と日本』新日本出版社。
門奈直樹(1970)『沖縄言論統制史』現代ジャーナリズム出版会。
琉球大学教授教職員会・大学九条の会沖縄 [編] (2010)『琉大事件とは何だったのか』ブックレット編集委員会。
琉球列島米国高等弁務官府(1959)『守礼の光』創刊号。
Digital National Security Archives Database (1954) Progress report of the ocb on nuclear energy projects and related information programs (including NSC 5431/1) for the period March 10-October 15, as requested by tirms of refrence dated May 12.
U.S. Department of States (1994) "*Foreign relations of United States, 1958-1960 Volume XVIII,*" pp.21-22.

アニプレックス(2005)『BLOOD+ (1)』

第Ⅲ部　関係性をつくりだすメディア

第7章　コミュニケーションを可能／不可能にする語りの場
　　　　「当事者」への期待から「当事者性」の獲得へ

第8章　テレビドキュメンタリー・アーカイブとその可能性
　　　　記録と記憶としての「水俣」のテレビドキュメンタリー

第9章　パブリックディベートの可能性
　　　　議論不在の状況を乗り越えるために

第10章　オルタナティブ・メディアの生成
　　　　ドキュメンタリー— *The Return of Navajo Boy* とその試み

第11章　メディアとしてのミュージアム
　　　　公害資料館へのまなざし

主流なメディアが作り出した「現実」に対する異議申し立ての手段の一つが，オルタナティブ・メディアによるメッセージの発信である。何がオルタナティブ・メディアとなり得るのかは，メディアの物質性によるのではなく，発信されるメッセージの内容や「現実」の切り取り方によるものであるということはいうまでもない。ただし，新聞やテレビといったいわゆる主流メディアとは異なるメディアがより多くのオルタナティブな視点を提供してきたことは間違いなく，第Ⅲ部の「関係性をつくりだすメディア」では，そうしたメディアについて具体的な考察を試みる。

　オルタナティブ・メディアというとSNSやブログといったインターネットを介したものをまずイメージするだろうが，この章で取り上げるのはそうしたものとは一線を画す。第7章の「語り部」の講話という古くからあるがそれがかえって新鮮に思える口承メディアのもつ力や，第8章のテレビドキュメンタリー・アーカイブを構築することによって引き出される「過去」の記録が「現在」のオーディエンスに訴えかける力，第9章が問題とするパブリックな場におけるディベートの力，第10章で論じられるドキュメンタリー映画，といったように，これまであまり取り上げられることのなかったメディアを中心に考察を試みる。また，第11章で論じる公害資料館をはじめとした「ミュージアム」をメディアとして捉え，メディア・リテラシーを育む場としてそこが機能するかどうかを論じる視点も重要である。

　第Ⅲ部の各章で展開されるオルタナティブ・メディアとメディア・リテラシーの議論は，これまでつながりが見えづらかった人びとどうしをどうすればつないでいけるのか，そしてそうしたメディアがそのようなつながりをつくるうえでどういった役割を果たし得るのかを明らかにしている。既存のメディアがなし得なかった関係性をいかにつくり出せるのかが，これからの公害／環境問題を考えるうえで重要になってくる。ひいては，どういった「未来」を私たちが選び取るのかを考えるためのきっかけを，これらの議論が与えてくれることにもなるはずである。

第7章

コミュニケーションを可能／不可能にする語りの場

「当事者」への期待から「当事者性」の獲得へ

原発切抜帖
(紀伊國屋書店, 2011)

　ナレーションの「誘導尋問」的な効果については批判されることが多い。限られた時間内で「落ち」を追及せざるを得ないテレビ・ドキュメンタリーでは，ナレーションが多用される傾向にある。しかし，一方でナレーションがなければ成立し得ないものもある。土本典昭のドキュメンタリー映画『原発切抜帖』(1982) がその一つだ。

　新型傷痍爆弾[*]に対する心得が述べられた記事の映像に，「ピカドンに心得とは恐れ入りました」とか，「戦時中は心得だらけでした」といった軽妙なナレーションが重なる。監督自身が長年集めてきた新聞の切り抜きと，古い新聞資料で構成されているだけの映画を単調に感じることがないのは，こうした小沢昭一による語りがあるからこそだといえる。新聞記事の映像と相まって，原爆による被ばくを体験した国にもかかわらず，原子力大国への道をひたすら歩んでいった日本の戦後史の実態を，彼の〈ナレーション＝語り〉が伝えるのである。〈ナレーション＝語り〉は，コミュニケーションが可能になったり不可能になったりする場を作りだす。語りの力は小さくない。

---

[*] その記事のなかでは，原爆のことをそう称していた。

1 はじめに

　水俣市は，四大公害病の一つ水俣病が発生した所です。一つの工場が海に流した有機水銀が魚に取りこまれ，それを食べた人たちが病気になりました。1956年（昭和31年），その病気が大きな社会問題となり，1996年（平成8年）に患者たちと政府が和解しました。その間に，多くの患者がなくなりました。／今，水俣では，つながりを求める人々が，市の再生をめざして，「もやいなおし」を進めています。公害で苦しんだ過去から立ち上がり，環境モデル都市水俣として，新しい未来に向けたさまざまな活動を行っています（佐々木他，2005：p.56）。

　水俣病は，四大公害病として私たちの記憶に刻み込まれている。しかしその実態は，と問われると，多くの者が漠とした答えしか返すことができない。教科書に必ず記載されている水俣病ではあるが，その内容は上記の小学校5年生用の教科書の例のように簡潔，かつすでに解決済みといったニュアンスが強い。また，テレビニュースで水俣病が話題になるときも，かつての急性劇症型水俣病患者の映像がいまだに使われることが少なくなく，外見上はこれといって目立った症状のない患者が圧倒的に多い現在の状況が，その映像によってかえってあいまいにされてしまいかねない。教科書やテレビといった私たちにとって身近なメディアは，現在進行形でいまだ解決とは程遠い水俣病をめぐる状況を伝えてくれることはほとんどないといっても過言ではない。

　そういった状況のなかで，水俣病をはじめとした「公害」について語る語り手たちのなかには，過去ではなく現在，そして未来をも見据えた語りを行う者たちがおり，こうした者たちが作り出す語りの場は，オルタナティブ・メディアの一つとなっている。オルタ

ナティブ・メディアとは,「既存のメディアにはない代替となる視点,つまりオルタナティブな視点を提示してくれるメディア」(池田, 2011a : p.37) である。本章では,語りの場がいかにしてオルタナティブな視点を提示してくれるメディアとなり得るのかを見ていく。

　語りの場は,語り手と聞き手によって構成される。その両者がともに問題を掘り下げて考えてみようとする姿勢が顕著となれば,そこは「当事者性」を育む場として機能し得る。「当事者性」とは,問題への関心とかかわりが強ければ誰もが「当事者」となるための道が開かれるという考え方である。ここでは,「当事者性」を育む場として機能する語りの場とはどういったものなのかを,水俣市立水俣病資料館の「語り部」[1] を例にとり,具体的に探っていく[2]。

2　語りの場

❖ 声と文字

　ウォルター・オング (1991) は,言語や文学といった研究分野において,テクストとして書かれたものが絶対視されてきたことを指摘する。これは,歴史的証言に対する評価についてもあてはまる。証言者が記憶に頼って語る言葉に記憶違いや矛盾があるのは,ある意味当然であり,だからといってその証言に意味がないわけではないのに,書かれたものより証拠としての能力が劣ると一般的には判断されてしまいがちだ。こうした状況に対して,オングは批判的な態度を示しており,「声の文化」に対する正当な評価と復権を求めているかのようなトーンで,彼の著書『声の文化と文字の文化』は書かれている。

---

1) 水俣市立水俣病資料館では,語り手のことを「語り部」と称している。
2) 本章は,科研費 (21530553) の助成を受けた研究内容を含む。

オング（1991）が説明する声の文化と文字の文化の対比は，水俣病資料館の「語り部」の講話の場がもつ証言としての力を考えていくうえで有効である。そこは，公文書や教科書といったメディアが伝えない個々の「語り部」の経験を語りつぐ場として機能しているのである。

そして，その経験を伝えるための媒介としての役割を果たしているのは「声」であり，その声は発せられると同時に消えていく（オング, 1991）。したがって，次々と生み出される語り手の言葉についていくためには，聞き手は意識をそこに集中せざるを得ない。語り手も聞き手の反応を見ながら言葉を選んでいかなければならない。こうして語りの場は，語り手と聞き手の一体感が求められる場となるのである。

しかし，声の文化が中心であるはずの講話の場に，文字の文化が入り込み，語り手と聞き手の一体感が薄れてしまう場合もある。パワーポイントによる文字情報の介入が，その一例である。スクリーンに映し出された映像が後景として機能しているうちは，聞き手は語り手が語る言葉に集中していられるが，そこに文字情報が介入すると，往々にしてそれが後景から前景へと移動する。そうなると，聞き手の注意は声と文字の双方へと分散し，書かれた文字は，そこに記された世界と，書き手／読み手との間を，物理的距離を置いたものとして切り離してしまうのだ（Havelock, 1963）。音声を媒介としたやり取りが要求するその場への集中力が，聞き手から失われることになる。

✣ 語りの力

2011年8月現在，水俣病資料館には13名の「語り部」が登録されており，そのうちの11名が現在も講話を行っている。多いときは，1日に3, 4回，ほぼ毎日講話が行われる月もあり，「語り部」

が直接自らの経験を語る講話への需要はか
なり高いといえる。それは，資料館を訪れ
る者の多くが，語りの力を信じていること
の表れなのかもしれない。

　いったい語りの力とはどういったものな
のだろうか。水俣病資料館の「語り部」の
1人である川本愛一郎（父である川本輝夫と
区別するために，これ以降は「愛一郎」と称
す）の講話を例に考えてみる。

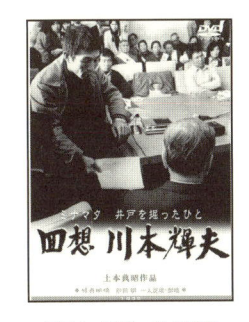

図7-1　回想　川本輝夫
（エースデュース，2004）[3]

　「私が伝えたいことは，本当のケンカをした男の生涯です」といっ
た言葉で始まる彼の講話は，聞く者の興味をひかずにはおれない[4]。
図7-1の写真にもあるように，机の上に座り，チッソの当時の島田
社長と渡り合う川本輝夫の姿をとらえた写真は，資料館にも展示さ
れており，このような写真を見る限り，「ケンカをした男」という
表現にそれは合致する。また，水俣病事件史を少しでも学んだ者で
あれば，彼が「過激派患者」として知られていることは承知してい
る。したがって，愛一郎が投げかける言葉の意味，つまり「本当の
ケンカ」とはどういう意味で，その「ケンカ」の中身が何なのかを
聞き手は知りたくなるのである。こうして，「過激派患者」として
の川本輝夫のイメージを塗り替える作業に，聞き手は愛一郎ととも
に従事することになるのだ。

　もともと温厚で柔和だった父が，なぜ「過激派」と呼ばれるよう
になったのか，愛一郎はそのことの意味を聴衆に問いかけ，それに
応えるなかで，水俣病をめぐる根源的な問題へと切り込んでいく。
つまり，水俣病は，「傷害殺人事件」と呼ばれるべきもので，「事

3）1999年の作品。監督は土本典昭。
4）2010年5月21日に水俣市立水俣病資料館で行われた講話より。

件」というからには主犯と共犯がいて、主犯がチッソ、共犯が国や県であることを明らかにする。猫や鳥、魚が死ぬという最初の兆候があったにもかかわらず、チッソは知らないふりをしていたことや、人にまで被害が及んだ時点でも有機水銀を含んだ排水を流し続けていたこと、国や県がこのことを見て見ぬふりをしていたことを述べるのである。そして、周りの人間が次々と発症していく状況のなかで、水俣で起こっていることが何かを知った以上、それを見過ごすことができなかったのが、父・川本輝夫であったことをつまびらかにする。加害者である大企業、そして国や県という圧倒的な権力側と闘う水俣病患者という不条理に立ち向かうためには、時には「過激な行動」も辞さない覚悟と勇気が必要だったこと、それが「ケンカ」の中身であったことを伝えるなかで、水俣病事件の核心を探ろうとするのが彼の語りである。このように語りには、展示を順に追っただけでは見えづらい問題の本質を、ともに考えながら探っていく力があるのだといえる。

また、教科書や本では、愛一郎が語る父の姿のように、語り手のいわば個人的な経験が書かれることはまれである。国やチッソと闘う川本輝夫の姿も、公文書などにはおそらく出てこない。あったとしても直接交渉派の患者リーダーとして名前が出てくるぐらいだろう。したがって、本章の冒頭に記載した教科書のような水俣病の簡略な説明に対し、「語り部」の語りはあらたな「証言」としての意味をもつはずで、それが語りの力の大きな側面だといえる（池田，2011b）。

沖縄戦や米軍占領史といった「大きな物語」とのつながりにおいて家族史や個人史という「小さな物語」を捉えなおしてみると、これまで見えなかった何かが可視化されるかもしれないという屋嘉比収（2009：p.v）の言葉は、水俣病事件の文脈においてもあてはまる。つまり、「小さな物語」である「語り部」が語る「証言」が、ひい

ては「大きな物語」を再編する力を発揮するかもしれないのである（池田, 2011b）。

❖ 語り手とビデオ

ところで，語り手の話は，ビデオで代替可能なものなのだろうか。

たとえば，水俣病資料館の「語り部」の約半数が 70 歳以上という厳しい状況への対応策として，代わりに「語り部」が語る様子を収めたビデオを流せばいいのではないか，といった議論が実際に起こっている。しかし，結論からいうと，単にビデオ映像を流すだけで，「語り部」の講話と同じような効果を期待するのは短絡的な発想だといわざるを得ない。たとえば愛一郎が聴衆に訴えかける「水俣病とは病気ではなく，傷害殺人事件なのだ」といった主張が，ビデオだとダイレクトに伝わってこない。

もちろんすべてのビデオ映像が聴衆に訴えかける力が弱いというわけではないことは，水俣を撮り続けた土本典昭監督の映画の影響力などを考えれば明らかである。土本の映像がとらえたチッソの当時の島田社長に語りかける川本輝夫は，愛一郎が語る「温厚で柔和な父・川本輝夫」像と一致する。「過激派患者」川本輝夫は，部分的に切り取られたイメージによってもたらされたもので，水俣病事件というコンテクストのなかに川本輝夫というテクストをおいてみると，彼の全体像が現れてくる。土本が描き出すのは，断片化された川本輝夫像ではないのである。このように，ビデオ映像もコンテクストによって，聴衆に訴える効果を発揮するのであり，むしろ注意しなければならないのは，「語り部」の講話をビデオに置き換えるという議論に潜む，患者やその家族といった狭義の「当事者」を「語り部」に求めようとする力なのである。

3 「当事者」を求める力

　狭義の「当事者」を求める力とは,「本物」とそうでないものを分けようとする力でもある。そして, こうした力とステレオタイプは, 密接に関連している。水俣病患者を例にとれば, 繰り返し流される過去の映像が示す手足が震えるとか, 歩行が困難だといった一見して患者とわかる人たちが「本物」で, それ以外は「本物」からの「距離」で測られ,「本物」に近い／遠いと判断されたり, 外見上「本物」に見えない人たちは,「偽者」とされてしまう。つまり, 水俣病患者とはこうに違いないというステレオタイプが, 真／偽の判断の基準となってしまうのである。

　いったい「本物」とは何を指すのだろうか。CMや広告でよく目にする「本物の〇〇」といった表現からもわかるように,「本物」とは私たちの期待が作り出した「虚像」なのではないか。そして, いったん生み出された「虚像」は, 私たち自身によって追認され, あたかも「市民権」を得たかのように,「本物」として独り歩きしてしまうのである。

　水俣において差別や偏見が生み出されてきたこれまでの歴史も, こうした「本物」が作り出される仕組みと無関係ではない。一見して水俣病患者だとわからない者たちが被害者であると名乗り出ると, 補償金欲しさに患者を装っているのだといった陰口が叩かれたり, 時には面と向かって嫌味を言われたりしてきたのだった。いわゆる「偽患者」という言われ方が地域を分断し, 被害者であったとしても, 容易に名乗り出ることができない雰囲気を作り出してきたのである。したがって, 水俣病とその社会的影響を理解してもらうためには, こうした水俣における差別や偏見の歴史を語りつぐことが重要であるにもかかわらず,「本物」にしか語る資格がないとか, 語り手を「本物」との距離で決めてしまうといったことがなされると,

差別や偏見がなくなるどころか，それを助長しかねない考え方が温存されてしまう，といった矛盾が起こってしまう。「本物」の「語り部」とはこうでなければならない，といった枠組みにとらわれていては，水俣病／水俣病事件の核心に迫る語りの場は作り得ないのである。

4 「当事者性」と想像力

❖「当事者性」とは

「本物」から話を聞きたいという聞き手の期待と，それに応えようとする語り手側の姿勢といった悪循環の輪を断ち切るためには，語り手を狭義の「当事者」に限定するのではなく，語る者と聞く者の関係性によって誰が何を語れるのかを考えていく必要がある（池田, 2011a）。つまり，「当事者性」を中心に議論を進めていくことが大事なのである。

では，「当事者性」を中心に議論を進めていくためには，何が必要なのだろうか。まず，当人やその家族でなければわからないとか，当時を知る人間でなければ語れないという思い込みを捨てることから始めなければならない。そうすれば，かかわりの深さによってその人でなければ語れないものがあるはずだ，と考えていくことが可能となるのではないだろうか。大事なのは，まず問題と出会い，その問題を自分のものとして捉えていくことであり，その問題解決のために考え，行為することである（津田, 2008）。こうした一連の過程を経ることによって，語り，語られるという関係性のなかで，「当事者性」が深まっていくのである。すなわち，「当事者性」とは問題へのかかわりが深まり，自らの問題として捉えていく過程そのものなのである。

そして，その過程のなかで次第に明らかになってくるのは，自ら

の立ち位置である。当該の問題と関わる自分とは何なのかを検証し反省するなかで，自らと周りの関係性が明らかになってくるのである。そして，「私だったらどうするのか」という想像力を介することにより，「当事者性」獲得への道が開かれるのだ（屋嘉比, 2009）。

❖ 想像力を介した「当事者性」

　水俣病資料館の「語り部」のなかには，いかにして「当事者性」を獲得することができるのかを考えるうえでヒントとなる語りをする者がいる。そのなかの1人が，吉永理巳子である。1997年に資料館の「語り部」となった彼女は，そのときどきで語りの内容は変わるものの，「死者」の代弁者になろうとする姿勢は一貫している。

　たとえば2009年10月9日の講話では，家族の水俣病歴を語るなかで，彼女の兄が癌で亡くなり，直接の死因は水俣病ではないものの，水俣病にかかっていた可能性もある，しかし今となってはそれを確かめようがない，といったことを兄が亡くなる直前まで通っていた大学から来た学生たちに語るのだった。そして，「亡くなった人たちが何を語りたかったかを伝えることが私の役目だと思っている」と，語り手として何をなすべきかを伝える。聞く側は，その言葉によって，彼女とともに「死者」の声を聞くという作業に従事することになる。講話の場とは，このようにすでに亡くなってしまった人たちのことをともに考え，それによって問題を自分とかかわりのあるものとしてとらえていく姿勢を育む場なのである。

　吉永が自らのこうした役割を意識し始めたのは，『水俣の啓示』（色川, 1983）という1冊の本との出会いからだった。それまでは，周りからの差別や偏見を恐れ，長い間水俣病とのかかわりを拒否し続けてきたのだ。彼女がその本と出会ったように，語り手との出会いが，聞き手にとってそれぞれの問題と向き合うきっかけになる場合もあるし，そうした出会いがあるからこそ，語りの場はさらなる

想像を掻き立てる場となる可能性を秘めているのである。

　患者家族であり，自身も水俣病の症状がある吉永は，水俣病を体験していない聞き手と同じ立場ではないが，想像力を介した「当事者性」の獲得という点では，彼女自身もそうしたプロセスを経て現在の水俣病の語り手になったのであり，「体験者」ではない者が語り得るための道を示してくれている。

5　偶有性から考える「当事者性」

　水俣病事件を伝えるための活動をしている NPO 法人水俣フォーラムは，全国各地で開催している水俣展で，水俣病患者の遺影の展示を行っている。この遺影は，1996 年の「水俣・東京展」のために映画監督の土本らが一年かけて集め，以後各地の展覧会場にも置かれていたものである。

　円形に区切られた空間の内側に 500 もの遺影が並べられた一角。父の遺影もあるその場に足を踏み入れたとたん，亡くなった人たちの視線を感じたと先の吉永は，2011 年 7 月 28 日に筆者が行った面接調査で語ってくれた。そして目と目が合うと，すんなりと行き過ぎることができないほど，彼（女）らが何かを語りかけているように感じられたこと，つまり一人ひとりの存在を強く感じる場であったことを話してくれた。

　その後吉永は，土本らの意志を引き継ぎ，2001 年に水俣市で開催された「水俣病展」に合わせて，遺影を集めるという作業に従事する。20 件ほど回り，一人ひとりの生前の生活を遺族から聞くことから始めたという。そして遺影と向き合い，もしこの方が生きていたら何と言っていただろうと想像しながら手を合わせ，同行のカメラマンに遺影を撮影してもらったそうだ。結果として，13 の遺影の追加がかなった。

吉永は，この遺影の展示を水俣病資料館でも行いたいと思っている。資料館を訪れる人たち一人ひとりが，立ち止まり，個々の遺影と向き合って欲しいと願っている。生きたくてもそれがかなわなかった人たちが，それぞれ何を訴えかけているのかに耳を傾け，来館者自らがその声をどう受け止めるのか考える場となることを欲している。

　水俣病患者が何名で，そのうち死亡した人が何人かといった数字はそれほど意味をなさない。それは，死者を単なる「記号」ととらえてしまう考え方につながりかねない（池田, 2010b）。記号化とは，抽象化であり客体化であって（Gebser, 1985），一人ひとりが異なる顔をもち，それぞれの人生を歩んできたことを否定してしまいかねない。そうではなく，生身の人間として生きた一人ひとりの記憶を継承していくことが大事であり，それを可能にするのが遺影の展示なのではないだろうか[5]。そして，その遺影を媒介とした語りがあってもいいし，吉永はむしろそれを望んでいるのである。

　遺影を媒介とした語りは，語り手と聞き手双方の想像力が要求される。そして，そこにいる一人ひとりが生きてきた人生を想像させるだけにとどまらず，私が亡くなったその人であったかもしれないという可能性が否定できないものとして現れる。水俣の地に生まれ，有機水銀の毒に侵されて水俣病を発症して亡くなる自分，というのもあり得たかもしれないし，自分と水俣病患者との境があいまいに

---

5) ただし，広島や長崎にある国立の原爆死没者追悼平和祈念館のような展示のやり方とは一線を画さなければならない。両施設では，集められた遺影が次のように公開されることがホームページ上に記されている。「コンピュータによって，簡単に個々の氏名・遺影（写真）を探してご覧いただけるほか，大型画面により，死没者の多さを実感することができます。」実際にその場に身を置いてみるとわかるが，遺影のこうした扱いは記号的であり，かつ別の意図をも感じさせる。〈http://www.hiro-tsuitokinenkan.go.jp/notice/photographs.html（アクセス：2013 年 4 月 14 日）〉

なり，それぞれが取り替え不可能な立場であるという必然性が否定される。自分が他者でもあり得るというこうした「偶有性」は，自分と周りとの関係性を攪乱すると同時に，新たな関係性を生み出す道を開いていくのである（池田, 2010a）。誰もが「当事者」であったかもしれない可能性が否定し得ないものであると考えること，つまり「偶有性」を受け入れることは，「当事者性」獲得への第一歩なのかもしれない。

6 おわりに

　語り手が話し，聞き手がその声に耳を澄ますという語りの場は，単にそれぞれがその役割を果たしているだけの場にとどまらない。そこは，聞き手が語り手から何かを引き出そうとする力が作用する場でもある。たとえば先の吉永の講話で，癌で亡くなった兄のことが詳しく語られることはめったにない。しかし，兄が通っていた大学から来たグループを前にした彼女は，兄のことを語らずにはおられなかったのであろう。このエピソードは，語り手が容易には語り得ないことを語れるようになるための手助けを聞き手がなし得る，という可能性を示唆しているのではないだろうか。

　同じ「語り部」の講話であっても，聞き手によって話の内容が異なるし，彼（女）らが毎回エピソードを準備して講話に臨むとは思えない。語りの場とは，語り手と聞き手との協働作業の場であり，聞き手が語り手に語らせている側面があることを忘れてはならない。そして，もしそうであるとするならば，狭義の「当事者」ではない語り手にとっても，語りの場とは「当事者性」が深まる場となり得る，ということにならないだろうか。つまり，語り／語られる場とは，双方の「当事者性」を育む場であり，両者が生み出す力の相乗的な作用が，オルタナティブな視点の獲得につながっていくのだ。

●コラム：美術館という語りの場

「私は戦争を理解するためには，戦争の状況をしっかり勉強するのと同時に想像力が必要だと考えています。この大きな絵を説明します。想像力をたくましくして見てください……」。沖縄県宜野湾市上原にある佐喜眞美術館館長の佐喜眞道夫は，丸木伊里・俊の『沖縄戦の図』を前にして，修学旅行生たちに沖縄戦についてこのように語りかける。そして，次のような説明を行う。

> さきほど沖縄戦で20万トンの爆弾が撃ち込まれた話をしましたが，沖縄戦でアメリカ軍がもっとも多く使った爆弾は250キロ爆弾です。250キロ爆弾が一発落ちてきますと地上はどうなるか。50メートルプールぐらいの穴があく。半径700メートル以内の木造住宅は吹っ飛んでしまう。これが250キロ爆弾。一坪に1トンといいますと，一坪にこの爆弾が4個落ちたことになる。この部屋は44坪あります。この部屋でいいますと176発が落ちた計算になります（佐喜眞, 2006：p.46）。

この場が戦場と化しているかのような臨場感あふれる語りを聞くと，聞き手は否が応でも悲惨な戦争の状況を実感せざるを得ない。こうして，絵を媒介とした語りの場が，語り手と聞き手双方の沖縄戦追体験の場となるのである。

実は，佐喜眞は沖縄戦を経験していない。沖縄への米軍の攻撃が始まる前に一家が疎開し，その疎開先である熊本で，生まれ育っている（佐喜眞, 2006）。聞き手も中学生や高校生がほとんどで，当然ながら彼（女）らは沖縄戦を経験していない。にもかかわらずこの場が追体験の場となり得るのは，絵の訴求力とそれに魅せられた佐喜眞の語りがあるからではないだろうか。絵を媒介としたここでの語りの場が，語り手と聞き手双方の「当事者性」を育む場となっているのである。

図7-2 『沖縄戦の図』（佐喜眞美術館ホームページより http://sakima.jp/）

●ディスカッションのために
1 「声の文化」と「文字の文化」の違いについて整理してみよう。
2 私たちはなぜ「本物」を求めようとするのか話し合ってみよう。
3 「当事者」に語らせることの暴力性について,考えてみよう。
4 語りの場が「当事者性」を育む場となるためには,どういったことが語り手と聞き手の双方に求められるのか考えてみよう。

引用・参考文献

池田理知子 (2010a)「コミュニケーションの諸相―コミュニケーション能力から〈想像/創造〉する力へ」『メディア・コミュニケーション論』池田理知子・松本健太郎 [編著], ナカニシヤ出版, 4-14 頁。

池田理知子 (2010b)「日常に侵攻するグローバル化と「戦争」―見えにくい関係性可視化の試み」『メディア・コミュニケーション論』池田理知子・松本健太郎 [編著], ナカニシヤ出版, 125-140 頁。

池田理知子 (2011a)「「語り部」というメディア」『よくわかるコミュニケーション学』板場良久・池田理知子 [編著], ミネルヴァ書房, 36-37 頁。

池田理知子 (2011b)「「体験」を超えて語り継ぐことの可能性―水俣病の「語り部」を通して考える「当事者性」」『日本研究のフロンティア 2011』 25-35。

色川太吉 (1983)『水俣の啓示 不知火海総合調査報告 上・下』筑摩書房。

オング, W. J. (1991)『声の文化と文字の文化』林 正寛・糟谷啓介・桜井直文 [訳], 藤原書店。(Ong, W. (1982) *Orarity and literacy*. London, UK: Methuen.)

佐喜眞道夫 (2006)『SAKIMA ART MUSEUM 沖縄の心を』佐喜眞美術館。

佐々木 毅 [他] (2005)『新編 新しい社会 5 下』東京書籍。

津田英二 (2008)「当事者性を育てる」〈http://www2.kobe-u.ac.jp/~zda/07sympo/1-12.pdf (アクセス:2013 年 4 月 3 日)〉.

屋嘉比 収 (2009)『沖縄戦,米軍占領史を学びなおす―記憶をいかに継承するか』世織書房。

Gebser, J. (1985) *The ever-present origin*. (N. Barstad & A. Mickunas, trans.), Athens, OH: Ohio University Press. (Original work published 1949).

Havelock, E. A. (1963) *Preface to Plato*. Cambridge, MA: Harvard University Press.

紀伊國屋書店（2011）『原発切抜帖』［DVD］（監督：土本典昭）
エースデュース（2004）『回想　川本輝夫』［DVD］（監督：土本典昭）

第8章

テレビドキュメンタリー・アーカイブとその可能性

記録と記憶としての「水俣」のテレビドキュメンタリー

苦海浄土
(石牟礼道子, 1969=2004)

　石牟礼道子の『苦海浄土』は,「水俣」のルポルタージュの一種と見なされることがあった。しかし,渡辺京二は,この作品がテープレコーダーなどを使った聞き書きではないことを明らかにしている。「だって,あの人が心の中で言っていることを文字にするとああなるんだもの」。彼女は,そう語ったという(渡辺, 2004：p.371)。

　「水俣」のテレビドキュメンタリーを見ていると,『苦海浄土』の世界が映像化されたシーンにしばしば出会う。患者や家族たちが心のなかでいっていることを文字にしたのが『苦海浄土』なら,それを映像にして見せたのが,テレビドキュメンタリーなのかもしれない。

　実は,石牟礼を原作者としたドキュメンタリー番組がある。木村栄文が1970年に制作した,RKB毎日放送『ドキュメンタリー苦海浄土』である。横浜の放送ライブラリーに行けば,その独特の世界を見ることができるが,そこに行かなければ,見ることはできない。

1 「環境問題の原点」が見えなくするもの

　環境問題には「原点」があると、この国ではしばしばいわれる。その原点とは、水俣病事件にほかならない。水俣病が1956年5月1日に「公式確認」されてから、すでに半世紀を越える時間が過ぎ去った。この間、水俣病事件の政治的な「解決」は何度か語られてきた。にもかかわらず、どれほどの水俣病患者がいるのかさえ今なお明らかにならず、この事件は解決にたどり着いていない。ときとして、テレビニュースで水俣病事件が取り上げられたり、地域の生活をテーマにしたテレビ番組などで「水俣」が紹介されたりもする。そのとき、枕詞のように「環境問題の原点」「公害の原点」といった発話を配分した言説によって「水俣」が語られる[1]。

　「水俣」を語ろうとして、このような定型化された発話を配分したり、「原点」などという概念を働かせたりするメディア言説にはあるポリティクスが見出される。世界規模での取り組みが必要だといわれる環境問題は、一種の倫理性まで帯びるようになった。その「原点」に位置づけられることで、水俣病事件は、あたかも人類史が不可避的に背負った「原罪」ででもあるかのように与件化されてしまうのだ。

　環境問題を語る多くの言説は、「地球規模で取り組まなければならない」といった発話を配分し、語るべき対象としてのさまざまな問題の個別具体的な特性を普遍化する。しかし、水俣病事件は、けっして人類史的に普遍化されるような与件などではない。それには、

---

[1]「水俣病被害者の救済及び水俣病問題の解決に関する特別措置法案」(いわゆる「水俣病特措法案」)をめぐって、2009年7月2日に当時の与党自民党と民主党との間で合意が成立した。それを報道するニュース番組のなかでもTBSの『NEWS 23』では、「「公害の原点」といわれた水俣病の公式確認から半世紀余り」という語りだしで、この出来事が伝えられた。

固有の歴史がある。生産力の拡大による経済発展を第一義とする国策が，水俣病事件を引き起こした。そして，明確な加害‐被害の関係が成立していながら，加害者，原因者が，その責任をいまだに果たしていないという重大な問題が存在し続けている。ところが，水俣病事件を「環境問題の原点」などと語る言説は，そのような固有の歴史をほとんど語らない。そこでは，水俣病事件が普遍的に与件化された環境問題に回収され，その加害者，原因者も明確化されずに雲散霧消してしまう。

今日のメディア環境における「水俣」のアクチュアリティは，このように語られ，描かれることで構成されようとしている。これを批判的に読み解こうとするなら，どうすればよいだろう。出来事を語り，描く，メディア言説やメディア表象を批判的に読み解くためには，「想像力が必要だ」としばしば定型的にいわれる。しかし，「想像力」などとよばれる能力めいた何かがあるとして，いったいどうすれば，「水俣」をめぐる「想像力」が形成され，その働きが保証されるのだろうか。メディアリテラシーが必要だともいわれるが，そうした能力めいた何かも同様である。このような問いを立ててみると，「想像力」やメディアリテラシーを拠りどころにしてメディア言説やメディア表象を批判的に読み解こうとする試みは，かなり心許ないもの思えてくる。

2 人為時事性と記録と記憶

❖人為時事性

メディア言説やメディア表象と，それらによって構成される出来事のアクチュアリティを，ジャック・デリダは「人為時事性」という。デリダによれば，アクチュアリティとは，「所与ではなく，能動的に生産され，選り分けられ，投資されているし，人造の (factice)，

つまり人為的な (artificiel) たくさんの装置によって遂行的に解釈されている」(デリダ・スティグレール, 2005：p.10)。

このような認識は, メディア研究の視点からすれば, 必ずしも目新しくはない。しかし, 人為時事性の脱構築へ向けたデリダの主張には, 定型化されたメディア言説やメディア表象を批判的に読み解こうする試みにとって注目すべきものがある。デリダ

図8-1 テレビのエコーグラフィ (デリダ・スティグレール, 2005)

は, 一方では, 人為時事性を作り出す人為的装置の解明が重要であるという。同時に他方では, 人為的装置によって生産され, 選り分けられ, 投資され, 遂行的に解釈された出来事が「最終的に保っている還元不能なもの」(デリダ・スティグレール, 2005：p.14) を到来させる, 歴史的, 実践的解明が必要だともいう[2]。

❖水俣病事件の人為時事性を脱構築するために

「環境問題の原点」といった発話で定型的に語られ, 普遍的に理念化された「環境問題」に回収されようとしている水俣病事件のアクチュアリティを, こうしたデリダの考えに沿って脱構築しようとするとどうなるのだろう。

---

2) デリダは, 出来事の人為時事性を脱構築し, 出来事が「最終的に保っている還元不能なもの」を到来させるのが,「差延 (différence)」であるという。哲学者らしく難解な表現だが,「差延」についての彼自身の次のような説明を, ひとまず参照しておこう。「差延は, ある関連 (une férance 〔運搬作用〕) を記す——他なるものへの関連, 他性の意味での異なるものへの関連, したがって他性への, 他者の単独性への関連——「と同時に」, 差延は, また, まさにそれであるがゆえに, 加速自体を, 自己固有化できない, 思いがけない, 切迫した, 予期できない仕方で来るもの, 到来するものに関連づける」(デリダ・スティグレール, 2005：p.21)。

まず,「環境問題の原点」といった発話を配分して,「水俣」が環境問題の象徴であるかのように語る言説が, それなりに流通している事実を虚心にとらえる必要がある。なぜなら, 人為時事性を作り出す人為的装置によって, 水俣病事件が広範な人びとの間で認知され, 経験されてきたからこそ, こうした言説が流通しているからである。

　それでは, 人びとは, どのような水俣病事件を, どのように認知し, 経験してきたのだろうか。まさに, この問いこそが,「水俣」を多くの人びとに認知させ, 経験させてきた人為的装置としてのメディア言説やメディア表象を批判的に読み解き,「水俣」の人為時事性を脱構築していく出発点となる。そして, 生産され, 選り分けられ, 投資され, 遂行的に解釈されてきた水俣病事件が「最終的に保っている還元不能なもの」は, この問いに応ずるところから到来する。

　患者や家族として, あるいはその支援者のような立場で水俣病事件を経験している人びとは必ずしも多くない。ところが, 患者や家族と直接出会うこともなければ, 支援することもなく, また,「水俣」を訪れることもないまま, しかし, 水俣病事件を認知し, 経験している人びとはけっして少なくない。このような「水俣」の認知や経験, あるいは記憶は,「水俣」を語り, 描いてきた文学作品や批評, 新聞報道を読み, ドキュメンタリー映画やテレビニュース, テレビドキュメンタリーを見ることで形成されている。

❖「水俣」をめぐるテレビドキュメンタリー

　なかでも, テレビは, 映像, 音声, あるいは言語によって, 敗「戦後」史を特徴づける出来事の一つとして水俣病事件を描き, 語ってきた。「水俣」をめぐるテレビドキュメンタリーも数多く制作され, 放送されてきた。そうしたドキュメンタリー番組を構成する

映像やナレーションは，番組が制作された時代のテレビに固有の方法で描かれ，語られた水俣病事件の記録にほかならない。また，人びとはテレビを見ることで，水俣病事件史を特徴づけるいくつもの出来事を認知し，経験し，記憶してきた。そう考えると，「水俣」をめぐるドキュメンタリー番組の映像，音声，言語は，人びとがメディア環境で経験してきた水俣病事件の記録であり，そのような経験の記憶を表象しているといえるだろう。

たしかに，テレビドキュメンタリーは，人びとに「水俣」を認知させ，経験させてきた人為的装置の一つでもある。その点では，当然，「水俣」のテレビドキュメンタリーのメディア言説やメディア表象も批判的に読み解かれなければならない。しかし同時に，「水俣」のテレビドキュメンタリーの映像，音声，言語が，多くの人びとにとっての「水俣」の経験の記録であり，そうした記憶を表象しているのである。

✣アーカイブ

メディア環境で生産され，選り分けられ，投資され，遂行的に解釈されてきた水俣病事件が「最終的に保っている還元不能なもの」もまた，「水俣」の記録と記憶としてのテレビドキュメンタリーの映像，音声，言語の意味となって到来する。水俣病事件をみずから直接的に経験していない多くの人びとにとっての「水俣」とは，メディア環境で生産され，選り分けられ，投資され，遂行的に解釈されてきた水俣病事件なのだ。だからこそ，そのような「水俣」が「最終的に保っている還元不能なもの」は，やはり，メディア環境で認知され，経験され，記憶されてきた「水俣」の，歴史的，実践的な解明によって初めて到来する。

実は，それを可能にするものの一つが，多くの人びとが認知し，経験してきた水俣病事件の記録と記憶を明らかにしてくれる，「水

俣」のテレビドキュメンタリーのアーカイブなのである[3]。

❖アーカイブの基本的な条件

　テレビ番組のアーカイブとは，放送された番組をたんに収集し，整理し，保存している施設だけを意味しているのではない。アーカイブでは，放送年月日や制作者，登場人物，撮影地，出来事の概要などの情報が，メタデータとして番組に付与されて保存されなければならない。さらに，番組を構成しているシーンにも同様のメタデータが付与される必要がある。そのようなメタデータがインデックス化され，さまざまな検索に応じて番組やシーンが参照できる状態で保存され，そして何よりも，それらが公開されていることが，テレビ番組アーカイブの基本的な条件といえる。

❖仮想のアーカイブ

　残念ながら現在のわが国では，テレビドキュメンタリーのアーカイブが十分なかたちで整備され，実現しているわけではない[4]。そ

---

3) 世界的なアーキビストにして，アーカイブズ学を専門とするE. ケテラールは，デリダのいう「差延」を参照しながら，次のように述べている。「デリダは，すべての意味を差異と遅延のふたつのプロセスから作られるものとして考えます。意味は完全に提示されることはありませんが，あるものとないもの，そして見えるものと見えないものの相互作用を通して構築されます。見えないものは過去の中に，そしてアーカイブズ，図書館，博物館の隠れた場所に置かれています」（ケテラール, 2006：p.42）。
4) 現在利用可能な総合的なテレビ番組アーカイブとしては，「NHKアーカイブス」と「放送ライブラリー」の二つがある。NHKアーカイブスは埼玉県川口市にあり，2011年3月で，ニュース約518万項目，番組約74万タイトルが保存されている。一般公開されている番組は約7,000タイトルにとどまる。放送ライブラリーは財団法人放送番組センターが放送法に基づいて運営していて，横浜市中区にある。約17,000点のテレビ・ラジオ番組が視聴できる。どちらのアーカイブでも，番組のダビングや貸し出しはできない。

のため，本章では，上記の基本的な条件を充たしたテレビドキュメンタリー・アーカイブを仮想してみることにしよう。たとえ実在しなくても，アーカイブのありうる姿に沿って水俣病事件を取り上げたドキュメンタリー番組を見ていくなら，メディア環境では，どのような水俣病事件が，どのように描かれ，語られたのかが，かなりの程度で明らかになるはずだ。そして，人びとが「水俣」のドキュメンタリー番組を見ることで，どのような水俣病事件が認知され，経験され，水俣病事件のどのような記録と記憶が形成されてきたのかも見えてくるだろう。

３ アーカイブが到来させるもの

❖委託されたまなざしの代理以上のもの

　水俣病事件を取り上げた初めてのドキュメンタリー番組は，わが国のテレビドキュメンタリーの嚆矢をなすNHKのシリーズ番組「日本の素顔」のなかの『奇病のかげに』である（図8-2）。テレビドキュメンタリー・アーカイブで，「水俣」をキーワードにして検索した番組を，放送年月日順に配列すれば，最も古い番組がこれになる。

　メタデータは，1959年11月29日にこの番組が放送されたことを示している。同じ年の4月には，当時の皇太子ご成婚パレードがテレビ中継された。これが契機となって，テレビ受像機の普及が促進され，テレビネットワークの整備も進められたことは，わが国のテレビ史の特徴的な一コマとして教科書的に了解されている。マスメディアとしてのテレビの普及がこうして始まった時期に，最初の「水俣」のドキュメンタリー番組が放送されたのである。

　テレビというメディアの制度的特性も含めて考えるなら，「テレビを見ることで，視聴者はテレビという制度に彼，もしくは彼女の眼差しを委託している」（Ellis, 1982：p.110）といえる。それゆ

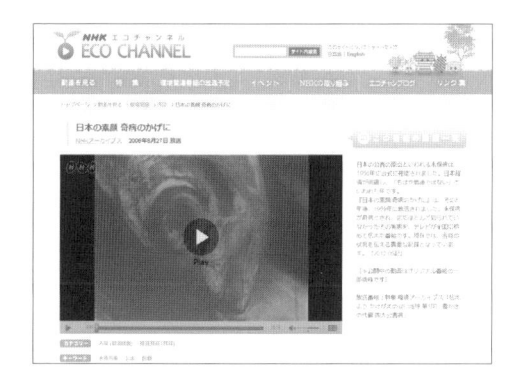

図8-2 NHK エコチャンネルで一部公開されている「日本の素顔」『奇病のかげに』〈http://cgi4.nhk.or.jp/eco-channel/jp/movie/play.cgi?movie=j_archives_20060827_1784（アクセス：2013年3月26日）〉

えに,「テレビは，視聴者の眼差しの代理以上のものとなるように機能し，視聴者が世界を見ることを可能にする眼として機能する」(Abercrombie, 1996：p.11) ともいわれている。皇太子ご成婚パレードを見ようとするまなざしが，マスメディアとしてのテレビに委託され，テレビもまた，そのようなまなざしの代理以上のものとなって，世界を見せようとしたのが1959年であった。そうした一年が暮れようとしていた11月29日，委託されたまなざしの代理以上の役割を果たして世界を見せようとするドキュメンタリー番組が，水俣病事件を初めて描き，語ったのである。

❖『奇病のかげに』が映し出すもの

『奇病のかげに』は，冒頭のシーンが急性劇症型の患者の映像で始まる。それは，テレビを見ることよる初めての水俣病事件の経験が，急性劇症型の患者の映像を見るという経験であったことを意味している。実は，この番組のなかの患者の映像のいくつかは，熊本大学医学部の水俣病研究班が，症例研究と学会報告のために16ミ

リフィルムで撮影した映像の引用であった。医学研究のまなざしがとらえた映像が、テレビドキュメンタリーに引用されることで、水俣病事件を告発する映像となったのである。

患者の映像はまた、テレビを見ることで人びとが初めて経験した水俣病事件の記録でもある。その後も、「水俣」のテレビドキュメンタリーでは、熊大研究班が撮影した患者の映像がしばしば引用されてきた。それは、人びとがテレビで見た患者の姿が「水俣」の記憶になり、反復される患者の映像によって人びとの「水俣」の記憶が表象され、再生産されてきたことを意味している。

多くの人びとに初めて水俣病事件を経験させ、「水俣」の記憶にもなった、『奇病のかげに』の冒頭の患者の映像には、「これは、だれにその責任があるのか」というナレーションが重ねられる。急性劇症型の患者の映像によって水俣病事件を告発するのと同時に、その責任を問う発話を配分しながら、『奇病のかげに』の物語の言説が編制されていく。続くシーンでは、新聞報道やテレビニュースとは異なる、テレビドキュメンタリーに固有の方法で水俣病事件が描かれ、語られていく。それらはいずれも、高度経済成長を目前にした1950年代末の水俣病事件の、テレビドキュメンタリーの映像による記録なのだ。

物質的な生活の豊かさからは取り残されてしまったような、水俣病患者と家族の悲惨なまでに貧窮した生活が描き出される。これとは対照的な地域社会「水俣」の姿は、漁村の風景を睥睨するように屹立するチッソ水俣工場のプラント、自転車に乗って出勤する数多くのチッソ従業員の映像によって描かれる。そのような地域社会「水俣」の動揺を描いて見せるのは、水俣産の魚は扱っていないという張り紙を出した鮮魚店や寿司屋の店先の映像であり、生業を失った漁民と荒んでいく漁村の映像である。熊本大学とチッソの双方が進めている水俣病の原因究明作業は、「それにしても、この謎

の奇病の正体はいったい何でしょうか」という問いとともに語られ，描かれていく。当時のチッソ社長吉岡喜一は，「完備した設備」で対策を講じたと，カメラに向かって語っている[5]。そして，この番組は，次のようなナレーションで結ばれる。

> これは南九州の一つの町で起きた，悲惨な出来事です。そしてそれはまた，住民の幸福を守るべき地方政治の在り方，大企業の生産の在り方など，われわれに多くのことを教えているようです。罪のない，そして力のない人たちの上に降りかかった大きな災難。早く本当の原因が究明され，一日も早く医学の力がこの病気の治療方法を見つけ出してくれるように。そしてさらに強い政治の手を。これが，すべての患者や家族たちの心のなかの願いなのです。

❖『奇病のかげに』が明らかにするもの

『奇病のかげに』では，テレビドキュメンタリーに固有の方法で「水俣」が描かれ，語られながら，水俣病事件を告発し，その責任を問う物語が生み出される。そうすることで，この番組は，高度経済成長が始まろうとする1950年代末に初期段階を経過した水俣病事件の記録になっているのである。それはまた，テレビを見ること

---

5) ここで吉岡が「完備した設備」といったのは，サイクレーターとよばれる排水浄化設備であった。しかし，これには，水俣病の病因物質で，チッソ水俣工場の排水に含まれる有機水銀を浄化する能力は全くなかった。サイクレーターの竣工式で，この装置から出る水をコップで飲んでみせるというパフォーマンスを吉岡はやってのけたが，有機水銀を含んだ排水は，ここを通らずに直接海に流され続けていた。サイクレーターが設置されたことで，有機水銀を含んだ工場排水が停止されることはなく，チッソ水俣工場の操業も継続された。結局，サイクレーターの設置は，工場の操業継続のための偽装工作でしかなかったことになる。

によって，人びとがドキュメンタリー番組の物語として初めて経験した，初期段階の水俣病事件の記録でもある。

まさに，テレビドキュメンタリー・アーカイブが，メディア環境で人びとがこのような水俣病事件を初めて認知し，経験したことを明らかにしてくれるのだ。そこには，水俣病の症状，患者と家族の生活，チッソと地域社会「水俣」との結びつき，加害者の語った「対策」といった，水俣病事件が初期段階から，すでに「最終的に保っている還元不能なもの」が表象され，到来している。いずれも，普遍的に与件化され，加害者，原因者も被害者も不分明な「環境問題の原点」などにはけっして回収されない，水俣病事件が「最終的に保っている還元不能なもの」にほかならない。

4 時間イメージの生成

❖記憶の参照系としての村野タマノ

『奇病のかげに』の冒頭のシーンの映像となっていた急性劇症型患者は，村野タマノ（当時は，「川上タマノ」の名であった）という。「水俣」のテレビドキュメンタリーには，彼女が激しい痙攣発作を起こす場面が数多く見出される。それらは，熊大研究班によって撮影された映像が，数多くのドキュメンタリー番組で頻繁に引用されてきたものであった。テレビドキュメンタリーのなかで，村野タマノの映像は，水俣病の悲惨な症状を衝撃的に描くことで「水俣」の記憶の一つを形成してきた。それは，村野タマノの映像が「水俣」の記憶を表象するだけではなく，「水俣」をめぐって広範に共有された集合的記憶を想起し続けてきたことも意味している。

「水俣」のテレビドキュメンタリー・アーカイブで，「村野タマノ」のキーワードで検索をしてみよう。そうすると，熊本放送（RKK）が1969年に制作した『111』というドキュメンタリー番組

のなかにも彼女の姿があることが明らかになるはずだ。この番組では，当時の厚生大臣園田直が入院中の水俣病患者を見舞った場面が記録されている。大臣の随行者や同行記者たちに取り囲まれた特異な雰囲気による緊張のために，入院中の村野タマノは，水俣病の特徴的な症状である強い痙攣発作を起こしてしまう。そして，意識が混濁するなかで，彼女はなぜか『君が代』を歌い，「天皇陛下，万歳」と叫ぶ。衝撃的な症状を目の当たりにした厚生大臣一行は，当惑の表情を滲ませながら病室をあとにする。このようなシーンが『111』に見出されるのである。

　テレビドキュメンタリーにおける村野タマノの映像は，テレビを見ることで人びとが経験した水俣病事件の記憶を表象しているだけではない。テレビドキュメンタリー・アーカイブは，村野タマノの映像が，『奇病のかげに』以来の「水俣」の記憶の参照系を形成していることを明らかにしてくれる。そこでは，メディア環境における時間の経過のなかで，だれに見られたのかも特定できないまま散在している映像が検索され，接合される。そのとき，身体も生活も根底から破壊され，終わることのない入院生活を余儀なくされてきた村野タマノという患者の映像として，水俣病事件史を具体的，かつ現実的に表象する時間イメージ（l'image-temps）が生成するのだ。

❖『苦海浄土』とテレビドキュメンタリー

　村野タマノはまた，石牟礼道子の代表作『苦海浄土』に登場する「ゆき女」こと，西方ゆき女のモデルでもある。文学作品としての『苦海浄土』でも，厚生大臣の園田直が入院中の患者を見舞った場面が語られている。そこでは，痙攣発作に陥ったゆき女の語りが，次のように聞き書きされている。

　　「三十人ばかりでとりかこまれて，見られたばい。なれては

おるとたいね，どうせうちは見せ物じゃけん。[…中略…]杉原ゆりちゃんにライトをあてて写しにかかったろ，それで，ああ，また，と思うたら，やってしもうた……」。

「やってしもうた……」とは水俣病症状の強度の痙攣発作である。のちに彼女は仕方がないというふうに，うっすらと涙をにじませて笑う。

予期していた医師たちに三人がかりでとりおさえられ，鎮静剤の注射を打たれた。肩のあたりや両足首を，いたわり押えられ，注射液を注入されつつ，突如彼女の口から，「て，ん，のう，へい，か，ばんざい」
という絶叫がでた。

病室じゅうが静まり返る。大臣は一瞬不安げな表情をし，杉原ゆりのベッドの方にむきなおった。つづいて彼女のうすくふるふるとふるえている口唇から，めちゃくちゃに調子はずれの『君が代』がうたい出されたのである。心細くききとりがたい語音であった。

そくそくとひろがる鬼気感に押し出されて，一行は気をのまれて病室をはなれ去った。（石牟礼, 1969=2004：pp.341-342）

この場面こそが，ドキュメンタリー番組『111』のなかの一つのシーンとなって，可視化されている。あるいは，テレビドキュメンタリーにおける村野タマノ記録が，石牟礼の文学作品のなかで，ゆき女の聞き書きとなって活き活きと語られているとさえいえる。いずれにしても，普遍的に与件化された「環境問題の原点」などにはけっして回収されない，水俣病事件の固有の歴史を表象する時間イメージが，そこには生成しているといえるだろう。それもまた，「環境問題の原点」として語られ，描かれる「水俣」の人為時事性を脱構築していく，水俣病事件が「最終的に保っている還元不能な

もの」にほかならない。そして，このような「最終的に保っている還元不能なもの」の到来を可能にするのが，テレビドキュメンタリー・アーカイブというテクノロジーなのである。

5 記憶のテクノロジー

❖テレビのテクノロジーとしての「水俣」

「水俣」のドキュメンタリー番組は，みずからが患者や家族でもなければ，彼ら，彼女らに直接出会うのでもなく，「水俣」を訪れたこともない人びとに，水俣病事件の認知と経験を可能にした。それは，テレビのテクノロジーが，とりわけ映像によって，家庭で居ながらにしてさまざまな出来事の経験を可能にすることによるものであった。

そして，同じテクノロジーが，時間の流れに沿って，間断なくいくつもの番組が放送される，番組の流れを作り出している。また，個々の番組のなかでも，番組の時間の流れに沿って連鎖するいくつもの出来事の流れを生み出し，さらに出来事を表象する無数の映像の流れも作り出してきた（Williams, 1975：p.99）。

「水俣」のドキュメンタリー番組は，いくつもの番組が連なる流れのなかの一つの番組として，水俣病事件をいくつかの出来事の流れによって描いている。さらに，そうした出来事を表象するいくつもの映像の流れも生み出されている。

❖アーカイブのテクノロジーがもたらすもの

それでは，テレビドキュメンタリー・アーカイブのテクノロジーは何をもたらすのだろうか。まず，このテクノロジーは，時間の流れに沿っていくつもの番組が間断なく放送されるなかで流れ去って行ったドキュメンタリー番組を，再び見ることを可能にする。その

結果，個々のドキュメンタリー番組の時間の流れに沿って連鎖して流れ去って行ったいくつかの出来事も，再び見ることが可能になる。さらに，出来事を表象しながら流れ去って行った無数の映像を，再び見ることも可能になる。

再び見られるようになった映像や，それが表象する出来事とその流れによって成り立っている「水俣」のドキュメンタリー番組は，多くの人びとが認知し，経験してきた「水俣」の記録である。それは，多種多様なテレビ番組が編成され，いくつもの番組が時間に沿って流れていくなかで，ある一つのドキュメンタリー番組を見ることで人びとが認知し，経験した「水俣」の記録である。そこには，水俣病事件を取り上げたドキュメンタリー番組を人びとが見ることで認知され，経験されてきた「水俣」の記憶もまた表象されている。

半世紀を越える水俣病事件史とテレビ放送の歴史は，数えきれないほどのテレビ番組の流れのなかに「水俣」のドキュメンタリー番組を散在させてきた。テレビドキュメンタリー・アーカイブは，無数のテレビ番組の流れのなかから，「水俣」のドキュメンタリー番組を召喚する。それだけではなく，テレビ放送の歴史のなかの無数の出来事の流れのなかから水俣病事件史上の出来事を召喚し，それを描いている映像の流れを見るという経験も可能にする。こうして，メディア環境における「水俣」の記録と記憶の可能性を歴史的，実践的に解明し，それらが「最終的に保っている還元不能なもの」を到来させる一つのテクノロジーが，テレビドキュメンタリー・アーカイブなのだ[6]。

✣代　補

ジル・ドゥルーズは，「映画的時間とは流れ去る時間ではなく，持続し，共存する時間」であって，「保存」が「創造することであり，休みなく〈代補（supplément：補遺・引用者）〉をつくりだすこ

第8章　テレビドキュメンタリー・アーカイブとその可能性　*147*

と」であるという。そしてドゥルーズは，この〈代補〉の特性が，「創造する以外の道がありえないということである」ともいう（ドゥルーズ，1992：p.127）。このような前提に立って，テレビ的イメージ（これを，テレビの映像といってもよいだろう）の可能性を，ドゥルーズは次のように指摘している。

　〈代補〉の，あるいは保存による創造の力を，どうしてテレビに認めてはならないのか？　原則的にそうしてはならないという理由はどこにもありません。[…中略…]テレビに〈代補〉や保存による創造の力を認めることは十分に可能になるはずです（ドゥルーズ，1992：p.127）。

　テレビドキュメンタリー・アーカイブは，まず端的には，放置していれば流れ去ってしまうドキュメンタリー番組を保存することから始まる。そうして保存された番組や，番組を構成する映像に，そ

---

6) 世界最大の映像アーカイブといわれる，フランス国立視聴覚研究所（INA）の副所長を務めた哲学者のB. スティグレールは，哲学も記憶も技術の問題であり，とりわけ記憶はもともと技術的に構成されているという。彼は，次のように述べている。「アナムネーシス（想起）は常に，あるヒュポムネーシス（記憶技術）によって住みつかれているのですが，アナムネーシスがいわば「順化している」ために，たいていは秘かに支えられ，住みつかれているのです。つまり，アナムネーシスが自らの技術性，人為性，補綴性と歴史性を消し去り，見えない「第二の自然」になっているということです。[…中略…]われわれが潜在的に哲学する存在であるのは，われわれに人工的な記憶が与えられていて，これが世代から世代への問いの伝達を支えている，まさしくその限りにおいてです——なぜなら人工的な記憶により時間の物質化が可能になるからです。時間の間隔化，空間化，保存，再活性化，再時間化，再伝送あるいは再構築，一般的には時間の再生成と変形（ジャック・デリダは差延と名付けますが）でもありますが，これが人工的な記憶により可能になるからです」（スティグレール，2009：pp.50-51）。

の意味として表象可能な具体的な出来事がメタデータとして付与され、歴史的価値が与えられた記録としてのテレビドキュメンタリーの映像の可能性が拡大していく（石田・岩谷, 2009：91）。つまり、テレビドキュメンタリー・アーカイブは、映像の代補、すなわち補遺（supplément）をつくりだす作業によって成立するのだ。

❖アーカイブが開くテレビ映像の可能性

また、テレビドキュメンタリー・アーカイブは、番組というパッケージのたんなる集積体ではない。メタデータによるドキュメンタリー番組及び、それらを構成するシーンの検索、すなわち「イメージの解体的分析」を可能にする記録の収蔵庫でもある。そして、「イメージの解体的分析の可能性は、離散的技術としてのインデキシング技術、つまりイメージの諸要素に標柱を立てる操作」（中路, 2006：p.230）によって展開される。

「水俣」のテレビドキュメンタリー・アーカイブによって、個々の番組のなかで水俣病事件史上の出来事を記録し、その記憶を表象しているさまざまなシーンが、「イメージの解体的分析」によって検索され、さまざまに接合される。そのとき、「水俣」の記録と記憶としてのテレビ映像の可能性が解き放たれていく。こうして、メディア環境における水俣病事件が「最終的に保っている還元不能なもの」が到来し、「水俣」をめぐる人為時事性が脱構築されていくのである。

想像力やメディアリテラシーなどとよばれる能力めいた何かをことさらに強調し、それらに依拠する必要はない。むしろ、テレビドキュメンタリー・アーカイブが、そのような能力めいた何かの働きを保証し、メディア言説とメディア表象を批判的に読み解く、創造的（あえて想像的といってもよい）な試みを可能にするのだ。

第 8 章　テレビドキュメンタリー・アーカイブとその可能性　*149*

> ●ディスカッションのために
> 1　「NHK クロニクル　NHK アーカイブス保存番組検索」http://www.nhk.or.jp/chronicle/ や，「放送ライブラリー　番組検索」http://www.bpcj.or.jp/search/ を使って，あるテーマで，これまでにどのようなドキュメンタリー番組が制作されてきたのか検証してみよう。そしてそれぞれのメタデータの関連性から，テレビドキュメンタリーが記録している出来事の広がりを考えてみよう。
> 2　「NHK アーカイブス」や「放送ライブラリー」に行かなければ，アーカイブに保存された番組を見ることのできない現状について考えてみよう。
> 3　YouTube のような動画投稿サイトとアーカイブの違いについて考えてみよう。

引用・参考文献

石田佐恵子・岩谷洋史（2009）「映像資料の収集と保存をめぐる問題―デジタル時代の映像社会学に向けての試論」『都市文化研究』**11**, 81-94。

石牟礼道子（1969=2004）『苦海浄土―わが水俣病』講談社文庫。

ケテラール, E.（2006）「未来の時は過去の時のなかに―21 世紀のアーカイブズ学」児玉優子［訳］，『入門・アーカイブズの世界―記憶と記録を未来に』記録管理学会・日本アーカイブズ学会［共編］，日外アソシエーツ。(Ketelaar, E.（2004）Time future contained in time past: Archival science in the 21st century.『アーカイブズ学研究』**1**, 20-35.)

スティグレール, B.（2009）『偶有からの哲学―記憶と技術と意識の話』浅井幸夫［訳］，新評論。(Stiegler, B.（2004）*Philosopher par accident: Éntretiens avec Elie During.* Paris: Galilée.)

デリダ, J.・スティグレール, B.（2005）『テレビのエコーグラフィー―デリダ〈哲学〉を語る』原　宏之［訳］，NTT 出版。(Derrida, J. et Stiegler, B.（1996）*Échographies de la télévision*, Paris: Galilée.)

ドゥルーズ, G.（1992）『記号と事件―1972-1990 年の対話』宮林　寛［訳］，河出書房新社。(Deleuze, G.（1990）*Pourparlers 1972-1990.* Paris: Éditions de Minuit.)

中路武士（2006）「イメージとテクノロジー」『知のデジタル・シフト』石田英敬［編著］，弘文堂, 222-243 頁。

渡辺京二（2004）「石牟礼道子の世界」『新装版　苦海浄土―わが水俣病』石

牟礼道子, 講談社, 364-386 頁。

Abercrombie, N.（1996）*Television and society*. Cambridge, UK: Polity Press.

Ellis, J.（1982）*Visible fictions*. London : Routledge & Kegan Paul.

Williams, R.（1975）*Television: Technology and cultural form*. New York: Schocken Books.

第9章

パブリックディベートの可能性
議論不在の状況を乗り越えるために

広報誌 *Safety & Dialog* 創刊号と 2002 年 5 月 11 日に行われた島根原子力安全シンポジウムの会場風景（原子力安全委員会，2002）

　2011年3月に発生した福島第一原子力発電所（福島第一原発）における事故がきっかけとなり，各電力会社の管轄内で開かれたシンポジウムや公開討論会において，電力会社と関連企業の社員が組織的に動員され，原子力発電・プルサーマルの稼働に賛同する意見を述べるよう要請されていたことが判明した。問題となったのは，電力会社のみならず，本来は原子力発電の安全性を監視する立場にあるはずの原子力安全・保安院が積極的にそうした動員に荷担していたことである。主流メディアは，こうした問題を「組織的なやらせによる民意操作・世論誘導」と呼び，現行のシンポジウムや公開討論会が，市民が自らの意見を表明し，政策決定に影響を与える場として機能していないことを批判した。しかし，ここで見落とされているのが，主流メディア自身が，原子力発電の是非をめぐる公共圏での議論を長年にわたって構造的に歪めてきたことである。その結果，推進派と反対派の主張は平行線を辿ったまま対立を深め，かみ合った議論として論争に発展する機会が失われてきたのである。

1 はじめに

❖ 議論の不在

これまで原子力発電所の事故や不祥事が発覚するたびに「国民的議論」の必要性が叫ばれてきたが，実際には原子力のエネルギー利用をめぐる議論はほとんど行われてこなかった（飯田, 2011：p.171；☞右ページ：コラム）。

その原因の一つは，原子力推進派と反対派の根深い対立と相互不信にある。八木絵香と北村正晴が指摘するように，「原子力に関するコミュニケーションは，推進・反対の立場それぞれに独自のコミュニティ内で行われている場合が多い。また一堂に会する場合であっても，それぞれの主張に固執し，実質的なコミュニケーションまで至った例はほとんどない」（八木・北村, 2008：17）。

長年にわたり原発に批判的な立場から発言を続けてきた京都大学原子炉実験所の小出裕章でさえも，「糾弾大会みたいになってしまうことを恐れて，原子力推進派の人たちがディスカッションに出てこない状況は，かなり定着してしまっている」（「第2回原子力」, 2009：52）と，「合理的」な議論がなされないまま，お互いの主張を「非合理的」だと非難し合っている状況を憂慮している。

一方，原発推進派も，80年代から住民説明会や討論会への組織的動員や仕込み質問などの「やらせ」を繰り返しており，公共圏での議論の重要性を認識していたとは言い難い。また，『WiLL』2010年4月号で，日本原子力技術協会最高顧問（当時）の石川迪夫（2010：106）が，原発の廃炉に伴う諸問題に焦点を当てたNHKスペシャル『原発解体』（2009年10月11日放送）を「嘘をまぶして，ペテンで捏ねて，デッチ上げた」「悪質な"創作報道"」と糾弾するなど，マスメディアにおいても推進派と反対派のいがみ合いの図式が見受けられる。さらに，原子力行政・事業に対する国民の無関心

● コラム　パブリックリレーションズ：PR

　ここで指摘したように，日本における原子力発電をめぐる議論は長年にわたって構造的に歪められてきた。自民党内で数少ない原発慎重論者である河野太郎衆議院議員は，高速増殖炉や核燃料サイクルに対する自身の質問が揶揄され，議論が成立しない国会の現状をなげいている（河野, 2011：p.96）。専門家や研究者の間でも，特定の時期より原子力を学問的に議論することを避けるようになった（安・松本, 2011：906-907）との認識がある。また，原子力発電所が立地する自治体においても十分な議論が行われてきたとはいいがたい。福島第一原発周辺の立地4町では，親類や取引先が原発関連の仕事にかかわっていることが多いため，原発について反対意見を表明しにくい雰囲気があった（朝日新聞, 2009：35）というし，開沼博（2011b：p.104）も「福島県の原子力ムラ」では80年代より学校で原発関連の話題がタブー視されていたことを指摘している。

　少量のウランから巨大な電力を得ることができる原子力は，第二次世界大戦後，経済成長による富国を国是とした資源小国日本にとって，救世主と映ったのは想像に難くない（週刊東洋経済, 2011）。それゆえ，原発事故や原発をめぐる不祥事は，少なくともこれまでは原子力のエネルギー利用をめぐる国民的議論を巻き起こすきっかけにはならなかった。それどころか，それらの事故や不祥事は，原子力を国策エネルギーとして推進する側にとって，「パブリックアクセプタンス（PA）」，つまり受容のための理解促進の絶好の機会として捉えられてきた部分もある。たとえば，科学技術庁からの委託により日本原子力文化振興財団が91年にまとめた「日本原子力PA方策の考え方」（2011=1991）には，原発のPAを達成するためのさまざまな「広報（パブリックリレーションズ：PR）」戦略が指南されている。そこには，原発に関する国民的議論ならぬ国民的合意形成にはPRの「タイミング」が重要であるとの前提で，「事故が発生したときは，国民の関心が高まっている。原子力広報のタイミングは最適である」（p.92）としている。原子力をめぐるメディア・リテラシー実践は，こういった広報コミュニケーションをその「解釈的円環」（☞本書170頁）に加えることにより，さらなる展開を見せるだろう。

と主流メディアの及び腰の報道姿勢が，議論の不在を許容し，結果としてさまざまな問題を抱えた原子力発電所の稼働を黙認してきたといえるだろう。

❖ パブリックディベート

本章では，パブリックディベートが原子力発電に関する健全な論争を創出する場となり得ることを論じていく。パブリックディベートと聞くと，大統領ディベートや党首討論など，「公職」にある者同士の討論会を思い浮かべるかもしれないが，ここではそのような限定的な意味ではなく，成熟した市民社会に不可欠な公的議論の機会の一つと捉え，そのクリティカルな力を論じる。そのため，国や産業界が主催する公開討論会とは区別する意味で，「パブリックディベート」とカタカナ表記している。

パブリックディベートの目的は，相手を打ち負かすことでも，聴衆に自身の主張の正当性をひたすら訴えかけることでもなく，立場の異なる相手との真摯な対話の場を創り出すことにある。従来は別々に主張をしてきた人たちが一堂に会し，バラバラに論じられていた事柄を結びつけて議論をすることで，社会における集団知の向上に資することを目指しているのである（Fuller, 2006：p.174）。

パブリックディベートは，既存メディアから入手した情報をクリティカルに吟味する場であるとともに，それ自体がクリティカルなメディアでもある。メディア・リテラシーは，しばしばメディアが発信する情報をクリティカルに読み解く力と同一視されがちだが，本来，メディアを使って主流メディアにはない情報を発信する力を含んだ幅広い概念である。日本におけるメディア・リテラシー教育の第一人者である鈴木みどり（2004：p.21）は，「［コミュニケートする］権利をオルターナティブ・メディア活動によって実現していくこと」を，メディア・リテラシーの重要な目的の一つと位置づけているが，本章では，メディアと原子力とのこれまでの関わり合いを踏まえ，それに鋭く切り込むパブリックディベートのオルタナティブ・メディアとしての可能性を探っていく。

2 公害／環境問題としての原子力発電

❖ 地球温暖化問題を背景にした広報活動

『原子力ポスターコンクール』（図9-1）が示すように，「地球を温暖化から守る」「きれいな」なエネルギー源であることが，長年にわたって原子力発電を推進する重要な根拠となってきた。電気事業連合会のCMでも「地球温暖化防止」が「電力会社の大切な使命」とされ，発電時にCO_2を排出しない原子力発電のメリットが強調されている。こうした行政と企業を挙げた広報活動が功を奏したのか，地球温暖化に対する世論の関心が高まる1980年代後半以降，原子力利用に肯定的な意見が増えている。朝日新聞の世論調査の結果を見ると，1986年のチェルノブイリ事故をきっかけに原発反対の意見が原発賛成を逆転し，1990年には最大26%の開き（反対：53%，賛成27%）がつくが，1996年にはその差が6%（反対44%，賛成38%）にまで縮まっている（柴田，2011：51）。

この傾向は，90年代後半，特に97年に京都で開催された第3回気候変動枠組条約締約国会議（COP3）以降，さらに強まった感がある。COP3では日本を含む先進国にCO_2排出削減目標（日本についてはマイナス6%）を課した「京都議定書」が採択されたが，2005年の議定書発効（日本は2002年に締結）を機に，当時の安倍内閣が立ち上げた地球温暖化防止大規模国民運動「チーム・マイナス6%」では，日本が取り組む低炭素社会に向けた方策の一つとして「カーボンミニマム系統電力」の必要性が強調され，その主要な電力源である原子力発電所[1]については「政府や電力会社だけでなく，市民も巻き込んで利用の合意が図られて」[2]いる

図9-1 第17回 原子力ポスターコンクール
（日本原子力文化振興財団，2010）

とされている。こうした合意を図るため，電力会社や関連団体は現在もさまざまな広報・広告活動に取り組んでおり，年間総計費は約2000億円（週刊金曜日，2011：18）に達するとの調査もある。

❖ 70年代の反原発運動

しかし，70年代において公害／環境問題は，むしろ原発の立地や稼働に反対する側によって積極的に言及されていた（柴田・友清，1999）。使用済み核燃料による放射能汚染の問題，原子力発電所から海に流される温排水が生態系に与える影響，ウラン採掘や精錬，発電所の点検修理に携わる作業員の放射線被ばくの問題など，当時の原子力行政・事業はさまざまな公害／環境問題を抱えていたからだ。朝日新聞のデータベースで関連記事を検索しても，60年代から70年代にかけては原発による環境汚染を憂慮する記事が圧倒的に多く，「熱公害」「放射能汚染」「原子力公害」といった表現が見出しに使われている。

しかしながら，公害／環境問題の観点から原子力のエネルギー利用に反対する主張は，往々にして「非科学的」として斥けられていった。たとえば，1977年10月号の『前衛』における科学者の鼎談では，環境汚染を理由に原子力利用に反対する科学者が「非科学

---

1) 2001年ドイツのボンで開催されたCOP会議では，京都議定書で取り決められた削減目標を締結国が達成するため取り得る方策を規定し決定した。なお，その決定事項として，「日本を含む……各国が，原子力発電使用をCO_2削減目標達成の手段として使用することを良しとしない」（United Nations Framework Convention on Climatic Change, 2001：43）ことが明記されている。
2) http://www.team-6.jp/teisanso/about/actios/08.html（強調は筆者）。なお「チーム・マイナス6%」は，2011年10月現在「チャレンジ25」（1990年比温室効果ガス25%削減目標達成キャンペーン）（http://www.challenge25.go.jp）に引き継がれている。

的」な「エコロジスト」と断罪されている（前衛, 1977：56-57）。

　こうした傾向は『前衛』のような左翼系雑誌に限られていた訳ではなく，主流メディアでも「絶対安全を迫った反対派のほうが非科学的なのだと論評するところが多かった」と当時の朝日新聞科学部長の柴田鐵治（2011：50）は回想している。公共放送である NHK も，70 年代に原発反対運動が盛り上がりを見せるなか，「科学的に正しい知識を報道するように」国や電力会社からたびたび要請されたという（七沢, 2008：277）。

✤地球温暖化問題

　そうした圧力が唯一の原因という訳でもないが，「原子力公害」や「放射能汚染」の危険性を主張した 70 年代の反原発運動が世論に大きな影響を与えることはなかった。この点で，環境政策法の施行が原子力発電所の許認可を大幅に遅らせるなど，原子力行政が「事故・災害ではなく，1970 年代「環境問題」として行き詰まりをみせた」（中村他, 2005：19）米国とは事情が大きく異なっている。

　さらに 80 年代に地球温暖化に対する国際的な懸念が高まるにつれて，多くの人は，原子力・放射線よりも地球温暖化のリスクの方に不安を抱くようになる（辻・神田, 2008）。その結果，温暖化対策としての原子力発電のメリットが強調される一方で，それが引き起こしている（あるいは，事故発生時に引き起こす）環境問題が主流メディアで報じられることは少なくなった。

　日本の原発労働者による過酷な労働の実態を描いた英国のテレビ局 Channel 4 のドキュメンタリー番組 *Nuclear Ginza*（邦題『隠された被爆労働者』1995 年製作）が，日本では放送されなかったことが，原子力発電がもたらす環境汚染／公害に対する当時のメディアの関心の低さを物語っている。

3 原子力発電をめぐる報道の問題点

❖度重なる「安全神話の崩壊」と不安

　福島第一原発の事故発生以降,「安全神話の崩壊」が盛んに叫ばれているが,「原子力発電は安全である」という「神話」は遅くとも 80 年代半ばには崩壊していた。

　1979 年に『朝日ジャーナル』誌上で行われた「対決討論」では, 3 月に起きたスリーマイル島原発事故によって「安全神話は崩壊した」ことが推進派と批判派双方の共通認識となっている（朝日ジャーナル, 1979：29）。さらに, 1981 年には敦賀原子力発電所事故を契機に「反原発」の声が高まり（中村他, 2005：43-44）, 前述のように 1986 年のチェルノブイリ事故以降, しばらくの間, 原発反対の世論が原発賛成を上回るようになる。2005 年と 2009 年に内閣府が実施した世論調査の結果を見ても, 原子力発電の安全性に不安を抱く回答が過半数以上を占めている（内閣府政府広報室, 2009）。

❖不安のなかで受容されたリスク

　興味深いのは, 内閣府の世論調査の回答者の半数以上が原子力発電の安全性に不安を抱いている一方で, 原発の増設に賛成する意見が過半数を占めていることである。こうしたギャップは, 原発の報道にも見ることができる。

　主流メディアは, これまで原発による放射能汚染の危険性に懸念を示しつつも, 原子力エネルギーの必要性自体には疑問を呈してこなかった。原発推進の旗幟を鮮明にしている読売新聞や産経新聞はもちろんのこと, 朝日新聞も「わが国の将来のエネルギー需給の見通しからすれば, 原子力への依存をふやすのは必然の方向である」（朝日新聞, 1976：5）と主張するなど, 大手新聞の社説では原子力エネルギーの必要性については議論の余地のないものとされている。

原子力関連の事故や不祥事が起こる度に,主流メディアは行政や事業者に安全管理の杜撰さに対する反省と万全の安全体制の確立を要求してきた。しかしながら,その前提にあるのは,原子力発電のリスクは適切な管理をすれば受容可能であるという考え方である。七沢潔（2008：312）が指摘するように,原子力は「安全性や経済性など「使用上の注意」が専ら議論されてきた感」があるのだ。

❖予想されていた危険性

　もちろん,その間も原発廃止を求める声は常に叫ばれてきた。反原発団体が発行するニューズレターやミニコミ誌では,事故を隠蔽する電力会社の体質,保安院と電力会社の馴れ合いの構造,メディアの遠慮がちな報道姿勢,世論誘導の手段としてのフォーラムやシンポジウムの利用など,現在,批判の俎上に上っている論点のほとんどが既に指摘されている。

　また,福島第一原発事故が発生する1年前の『しんぶん赤旗』では,福島第一原発を含む複数の原子力発電所で津波発生時に冷却水喪失・炉心溶融が起きる危険性が指摘されている（しんぶん赤旗, 2010）。これまで原発反対派によって繰り返されてきた主張を考えれば,福島第一原発事故は決して予想外[3]の事故ではなかったのである。

---

3) しばしば誤解されるが,「予想外」と「想定外」は意味が異なる。「想定外」とは,予測できなかったことではなく,起こる可能性が極めて低い事象を想定の範囲外に置き,対策から除外することである。原子力発電には絶対安全はあり得ないうえ,予想されることすべてに安全対策を施すと莫大なコストがかかるため,想定する範囲を常に人為的に決めているのである。

4 福島第一原発事故をめぐるメディア・リテラシーの問題

❖科学的に不確実なリスクの語り方

　福島第一原発事故の影響について語る場合，誰もが「不確実なことをどのように語るか」という難しい問題に直面する。五感で感じることのできない放射性物質の放出量，移流と拡散の分布，土壌や食物への付着量は，想定するシナリオ，考慮する条件，計算に用いるデータや数式によって，結果にかなりの幅が出てくる。また，放射線被ばくが人体に与える影響は確率論的かつ長期的であるだけでなく，科学的にわかっていないことが多い。

　とりわけ低線量被ばくについては，ガンを誘発するリスクが被ばく量に比例するという説，一定値以下ならば影響は起きないしきい値があるという説，微量の被ばくであればむしろ人体によい影響があるという説など，専門家の間でも大きく意見が分かれ，いずれも推測の域をでない（白井他，2011：117）。内部被ばくのメカニズムにいたっては，外部被ばくよりもわからないことがさらに多い。

　科学的に不確実なリスクを伝える際には，送り手に対する信頼が重要となるが，福島第一原発事故後の政府や東京電力の発表はかえって受け手の不安や政府・企業への不信感を増幅させる結果を招いた。BSEや遺伝子組換え作物でも問題になったように，客観的な証拠がないなかで，政府が「ただちに健康に影響を与える数値ではない」などと安全性を強調する発言をしても，むしろ「未知のリスクがあるかもしれない」という市民の不安を掻き立てるからである（平川，2010：p.66）。もっとも，市民の側から見れば，多くの人が国や電力会社の発表や主流メディアの報道を鵜呑みにせずに，原子力資料情報室やグリーンピース，TwitterやUstreamなどの別の情報源・媒体に対抗データを求めたという点を評価することもできる。とりわけ，多くの市民が簡易型測定器を使って自ら周辺地域の放射

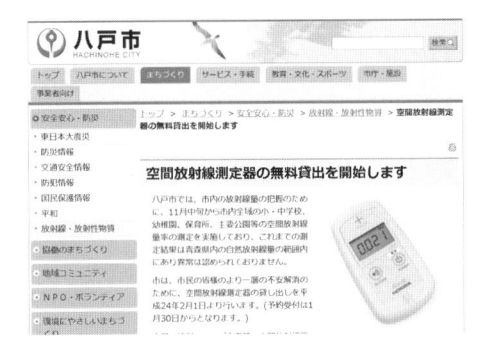

図 9-2　空間放射線測定器の無料貸出を行う自治体 HP 〈http://www.city.hachinohe.aomori.jp/index.cfm/9,47266,28,263.html（アクセス：2013 年 3 月 26 日）〉

線量を測り，ネットを使って公開・共有することで，放射能汚染の実態への理解を深め，政府や地方自治体が公表する放射線モニタリングデータに対するチェック機能を果たしたことは，まさにメディア・リテラシーの実践であるといえる。

❖ 思考停止から対話へ

その一方で，福島第一原発事故の対応や報道に不信感を募らせた個人や組織のなかには，政府や東電の公式発表を「ウソ」「隠蔽」と糾弾し，自らの見解とは異なる発言をする専門家を「御用学者」と中傷し，「大マスコミ」の伝えない「真実」を明らかにすることを謳う傾向があったことも事実である。しかしながら，公式発表や主流メディアの報道を鵜呑みにすることを「思考停止」と呼ぶとしたら，「「メディアや国のいっていることはウソだ」という人たちの意見」を無批判に受け入れるのも同様に「思考停止」[4]である（枝廣他, 2010：pp.82-83）。こうした思考停止の最大の問題は，自らのリ

---

4) 気象学者の江守正多は，前者を「第 1 次の思考停止」，後者を「第 2 次の思考停止」と呼んでいる（枝廣他, 2010：p.83）。

スク認知を補強する情報ばかりを選好することで，相反する情報をシャットダウンし，意見を異にする人たちとの溝を深めてしまうことにある。

科学的な不確実性が高い問題を取り扱う際に，従来のメディア・リテラシー教育は大きな困難に直面する。専門家の間で異論がある場合，読者や視聴者だけでなく，報道する側にあるジャーナリストも主張の妥当性を判断できずに，両方の見解をそのまま伝えてしまうことが多いからである。評論家の荻上チキが指摘するように，個人レベルでのメディア・リテラシーには限界があり，「「確からしい情報」を獲得し，広めようにも不十分」なのである（荻上他, 2010 : p.75）。したがって，複雑で不確実な情報の信頼性を判断するためには，個人の情報リテラシーに任せるのではなく，さまざまな背景をもつ人たちが協働し，多元的な価値や多様な意見を包摂した対話を可能にするコミュニケーションの実践が必要となる。

5 パブリックディベートの可能性

❖ トランスサイエンス

科学技術が発展し，社会に与える影響力が増すにつれて，遺伝子操作，出生前診断，脳死，地球温暖化のように，科学によって問うことはできるが，科学では解決することのできない一連の問題領域が生まれた。巨大・先端科学技術をめぐるこうした領域はトランスサイエンスと呼ばれ，原子力もその一つである。たとえば，原子力発電所が重大事故を起こす可能性が非常に低いことは大多数の科学者の共通見解となっているが，そのリスクを引き受けるべきかどうかは科学的に決めることはできず，代替エネルギーの存在，経済性，将来世代への責任，受益と負担のギャップ，今後目指すべき社会の姿など，さまざまな問題を社会全体で議論したうえで決めなければ

ならないからである。

そのため，トランスサイエンスの領域では，行政，産業界，専門家，市民など多種多様な人たち・集団を巻き込んだコミュニケーションが重視され，これまで市民陪審，コンセンサス会議，サイエンスカフェなど，対話の場を創出し，その結果を意思決定に反映させるためのさまざまな試みが行われてきた（詳細については，小林，2007；藤垣・廣野，2008；若松，2010を参照）。そのなかで，本節では日本ではなじみのないパブリックディベートを紹介する。

✥ パブリックディベート

ここで取り上げるパブリックディベートは，高校・大学対抗ディベート大会といった，「競技」としてのディベートの問題点を重く受けとめた米国の教育ディベート関係者によって生み出されたものである。その意味で，一般的にイメージする勝ち負けを伴うディベートとはかなり趣を異にする。

また，大統領ディベートや党首討論と違い，公職にあることはディベート参加のための資格でもないし，資金力の有無が討論の内容に影響を与えることもない。さらには，ある特定の問題について，専門的知識をもたない市民が専門家による議論から学ぶ啓蒙の場でもない。むしろ，パブリックディベートでは，議会や公聴会といった公権力によって設けられた意思決定過程の場から排除された人たちが発言し，行政や企業の代表者や専門家と利害にとらわれない自由な議論をするための空間を創り出すことに主眼が置かれる。

パブリックディベートではさまざまな問題を取り上げることができるが，ここでは，全米科学技術レトリック協会[5]（the American Association for the Rhetoric of Science and Technology）により1998

---

5) 2006年に科学技術レトリック協会に名称変更。

図9-3 ハンセンの著書『地球温暖化との闘い』（左）(2012)
とマイケルズの著書 *Sound and Fury*（右）(Michaels, 1992)

年11月に開催された地球温暖化に関するパブリックディベートを取り上げる。正式な論題は「気候変動を理由に温室効果ガスの排出を規制すべきであることを証明する十分な証拠は存在するか」で，肯定側に地球温暖化問題の火付け役ともいえる NASA の大気学者ジェームス・ハンセンを，否定側には懐疑派の代表的存在であるバージニア大学教授（当時）で気候学者のパトリック・マイケルズを迎えている。司会は企画段階より中心的な役割を果たしたピッツバーグ大学ディベートチームの責任者であるゴードン・ミッチェルが務めている。事前に作成されたリーフレットによると，ディベートの進行方式は，以下のようになっている。

1) 司会による挨拶・背景説明（10分）
2) 肯定側・否定側による立論（それぞれ15-20分程度）
2) 各立論後の反対尋問（それぞれ5分）
3) 聴衆からの質疑応答（約30分）
4) 肯定側・否定側による総論（5分程度）

ディベートでは，発言機会・回数・時間が事前に決められ，双方に公平かつ平等な発言の機会が保証されている。また，交互に話す進行方法を採用することにより，参加者は相手側の主張と関係づけ

て自らの主張を正当化する必要に迫られる。つまり，聴衆を説得するには，自らの主張をデータや論拠で裏づけるだけでなく，相手の主張に適切な反論をすることが必要となり，そのためには，まず相手の主張を正しく理解しなければならない。このように，ディベートでは，対立する立場にある人同士がかみ合った議論を行うための手続きが設けられているのである。

❖ 議論の可視化

　パブリックディベートでは，対話を通して参加者が合意に達したり，共通点を見い出したりすることはさほど重視されない。むしろ，議論の衝突を通して重要な争点を明らかにし，何をめぐってどのような理由で対立が生じているのかを聴衆が理解することに主眼が置かれる（Munksgaard & Pfister, 2003）。とくに立場を異にする専門家がディベートに参加した場合，お互いの見解を支えるデータの信頼性や適用範囲，使用するモデルの妥当性，研究方法の前提条件にまで踏み込んだ議論が期待できる。前述の荻上は，「対立する二人の専門家がいた場合，「どちらの論が確からしいか」ではなく，「どちらの人が信用できるか」といった判断材料が重視されるのは，避けようがないこと」（荻上他, 2010：p.75）と指摘しているが，専門家の見解が単独もしくは両論併記の形で掲載されることの多い主流メディアとは異なり，専門家同士が実際に議論を交わすパブリックディベートでは，一般市民でも「論の確からしさ」を判断しやすい。少なくとも，以下のような事柄を整理する手助けとなる。

　　1）科学的にわかっていること
　　2）科学的にわからないことが，わかっていること
　　3）科学的にわかっていないこと
　　4）科学的には決定できないこと

また、参加者が直接議論を行うことにより、企業から研究資金を受けたり、政府系の研究機関に在職することが研究の独立性に与える影響など、ともすれば人格攻撃に陥りがちな問題も、冷静な議論の対象としやすくなる[6]。地球温暖化問題であればエネルギー会社、喫煙の健康被害であればたばこ産業、原子力発電であれば電力業界との関係に、研究者が慎重になるべきなのは当然である。一方で、科学研究には多額の費用と国や業界からの情報提供が必要となることが多く、関係を全く絶つことは現実的ではない。したがって、企業から資金提供を受けたこと自体を批判するのではなく、研究資金源をできるだけ公開したうえで、必要に応じて研究の独立性や信憑性について議論していくことが望ましい。

✤ パブリックディベートと論題設定

　パブリックディベートの二つ目の特徴は、論題設定の仕方にある。ミッチェルは、2005年の全米ディベート大会でも地球温暖化をテーマに簡略化された進行形式でパブリックディベートを開催している。特筆すべきは、特定の地球温暖化対策の是非の他に、「地球温暖化に関するパブリックディベート[7]は構造的に歪められているか」といった公的コミュニケーションの問題や「地球温暖化はアフリカ系アメリカ人に不均等に影響を与えているか」といった環境正義の問題が論題として採用されていることである。

　これらの論題を原子力のエネルギー利用に当てはめた場合、いずれも「推進派対反対派」という既存の対立の図式を乗り越える可能

---

6) パブリックディベートの事例ではないが、地球温暖化をテーマとした気象学者の江守正多と工学者の武田邦彦の対話のなかで、「専門家の信用」が議論されている。
7) ここでのパブリックディベートは、議会やメディアでのディベートを含む公共圏で行われるすべての討論を指している。

性をもっている。推進派と反対派が同じ立場から新聞記者やジャーナリストといった「専門家」を相手に議論をすることも十分に考えられるからである。また，新聞の社説，『原子力安全白書』，学校で使用する原子力発電副読本，電力会社の CM や広告など，これまで十分に議論されてこなかった素材がディベートのなかで証拠として取り上げられることも期待できる。

同様に，原子力のエネルギー利用の是非を論じる際には，将来世代への責任[8]や受益者と負担者の平等性[9]，そして中央と地方の格差といった問題を避けて通ることができないが，こうした政策の正義や正統性にかかわる論点にこれまで十分な注意が払われてきたとはいいがたい。開沼が指摘するように，突き詰めていえば「無意識だったにせよ，なぜ私たちの社会が戦後を通して原発を是とし維持してきてしまったのかという問いに冷静に，真摯に向き合うこと」（開沼，2011a：13）が必要となるのである。パブリックディベートの目的の一つは，こうした従来はあまり議論されてこなかった問題を争点化することにある。

公的な場で特定の政策の是非を議論する場合，専門家は異なる分野の専門家や市民に対して主張を展開することが求められるため，主張の科学的合理性だけでなく，それを支える価値観や世界観をめぐる争いがしばしば起こる。領域の異なる専門家同士が議論をしたり，市民と専門家が議論をする際は，自らの専門領域では当然視さ

---

[8] 原子力発電所から出される高レベル放射性廃棄物は安全な状態になるまで 10 万年かかるといわれており，地層処分をするにせよ，地上に最終処分場を建設するにせよ，私たちが享受したエネルギーの負担を将来世代に先送りすることは避けられない。
[9] 東京電力所管の原子力発電所がすべて東京電力の管轄外に建設されていることや，高レベル放射性廃棄物の中間貯蔵施設（むつ市）や再処理施設（六ヶ所村）の建設（計画）が，いずれも青森県の下北半島に集中していることも見逃せない。

れている前提や考え方を説明し，正当化する必要がでてくるため，特定の領域内の技術的議論では滅多に起きない認識レベルでの齟齬が表面化しやすいのである。そもそも原子力の専門家と一口にいっても多種多様であり，市民がしばしば期待するような「万能な専門家」(白井他, 2011：117) は存在しない。したがって，原子力のエネルギー利用について意思決定をする際は，さまざまな専門分野の研究成果を関係づけて統合的に理解する必要があるが，パブリックディベートはそうした専門領域を越えた「公共知」を創出するための有効な手段なのである。

❖ 市民の議論参加

　パブリックディベートの三つ目の特徴は，高度な専門的知識をもたない市民が議論を積極的に行っていることである。今回取り上げたパブリックディベートでは，立論と結論の間に 30 分間の質疑応答が設けられており，討論者は相手側の主張だけでなく，聴衆からの質問に対する応答も結論に組み込まなければならない。つまり，聴衆は質疑応答を通して議論に参加しているのである。さらに，全米ディベート大会におけるパブリックディベートでは，競技ディベートに従事する学生が登壇し，気候研究者のロバート・ボーリングと討論をしている。競技ディベートを通して地球温暖化問題に関する平均以上の知識を身につけているとはいえ，知識量では専門家には敵わない。しかし，科学技術コミュニケーションの多くが，十分な知識が「欠如」した市民を専門家が「啓蒙」することを目的にしている（平川, 2010）ことを考えると，パブリックディベートは市民が，ときには専門家と共に，ときには専門家と対峙して同じ土俵で討論をする貴重な機会であるといえよう。

　本来，トランスサイエンスをめぐるコミュニケーションは，「「専門家と一般市民」という関係だけでなく，（特に異分野間での）専

門家同士，市民同士のコミュニケーションを含め，政策関係者（政治家や官僚，政府機関），産業界，メディア関係者までを含んだ包括的なコミュニケーションでなければならない」(平川, 2011：p.198)。原子力発電の問題を例にとれば，経済性や安全性だけでなく，何世代にもわたって住み続けた土地への愛着や生業を奪われることによる生きがいの喪失といった定量化しにくい価値や人間以外の生物や自然に対する認識も重要な論点となるが，そうした社会的，文化的，環境的価値を論じる際には地域住民の「ローカルな知」が不可欠となる。定量化しにくい価値をめぐる見解の違いが，専門家と市民（とくに地域住民）の安全性評価のズレの一因であることがしばしば指摘されている（ジョンソン, 2011）が，そうしたズレを争点化するためにも，パブリックディベートに専門家と非専門家の双方を巻き込むことが重要となる。つまり，遺伝子組み換えや原子力発電といったトランスサイエンスの領域では，それらをめぐる議論の争点が技術的（technical）なもののみならず「技術論を含んだパブリックな争点」であるとの前提があり，それ故，それらに関する専門外からの「合理的質疑」が重要な役割を果たしてしかるべきだ（Wynne, 2007：106）と認識することが重要なのだ。

❖ パブリックディベートが生み出す「解釈的円環」

　最後に重要なことは，パブリックディベートを1回限りのイベントに終わらせずに，それを記録・公開したり，メディアに取材を呼びかけたり，別の専門家に意見を求めたりすることを通して，さまざまなメディアで議論を継続させていくことである（Mitchell & Paroske, 2000；Snider & Schnurer, 2006）。今回取り上げたパブリックディベートには，登壇した2名の科学者以外にも，複数の専門家が関与している。ディベート終了直後には，科学論争をテーマとした論文も執筆しているコミュニケーション学者が，討論者によ

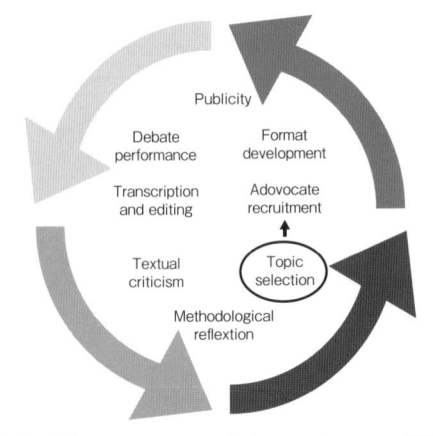

図9-4 解釈的円環 (a hermeneutic circle) (Mitchell & Paroske, 2000：103)

る科学と非科学の線引きの仕方や試合中に使用された隠喩の含意など，自らの専門分野に結びつけて講評と問題提起を行っている。また，パブリックディベートの筆記録は2000年に学術誌（Social Epistemology）の特集号[10]に掲載され，社会科学者，コミュニケーション学者，物理学者が，それぞれの観点からパブリックディベートの可能性や問題点を論じている。さらに，パブリックディベートの様子は地元紙でも報じられるなど，ディベートのなかで創造された知が，さまざまなメディアを通して発信されるとともに，専門家による講評を通して新たな知の産出に寄与している。ミッチェルは，パブリックディベートがこうした「解釈的円環 (a hermeneutic circle)」（図9-4）を生み出す可能性を指摘しているが，それは，単にメディアを使いこなすだけでなく，主体的な読みと新たなコミュニケーションの創出を含む広義のメディア・リテラシーの実践（後

---

10) 特集号に掲載された筆記録と論文は，ミッチェルの個人ホームページから無料でダウンロードできる。〈http://www.pitt.edu/~gordonm/（アクセス：2013年3月26日）〉

藤, 2004：8) と言い換えることもできるだろう。

6 おわりに

❖パブリックディベートの可能性と限界

ここまで, メディア・リテラシーの観点からパブリックディベートの可能性を論じてきたが, もちろんパブリックディベートも万能ではない。

今回紹介した形式でのパブリックディベートが, 原子力政策に直接影響を与えることは期待できないし, 専門家の選定の難しさなど運営上の問題も山積している。また, 特に技術的な争点を含むパブリックディベートにおいては, 専門分野では相手にされない「自称専門家」が, 自らの持論を喧伝するため, 本来パブリックなコミュニケーションの機会であるはずのディベートを, 個人的な利益追求, すなわちプライベートな目的で利用する危険性についても考慮すべきだろう。

しかし, これまで事故や不祥事が起こる度に,「国民的議論」の必要性が叫ばれてきたにもかかわらず, 原子力エネルギー利用の是非をめぐる議論が現在に至るまでほとんど行われていない状況において, パブリックディベートを含めて「対話が行われる場のルールや運営のあり方といった「場の設計」についても十分な検討が行われることが必要不可欠である」(狩川他, 2010：150)。とくに, 国や産業界が主催する公開討論会が長年にわたって世論誘導の手段となっていたことを考えると, 利害にとらわれない議論が行われる場を創出することは非常に重要である。

繰り返しになるが, パブリックディベートの目的は, 相手を打ち負かすことでも, 政治的な利害を達成することでもなく, 立場が異なる人たちが議論に従事することで, さまざまな主張や多元的な

価値観を争点化することにある。それは,「より幅広く社会的,政治的,また環境上のさまざまな可能性を把握すること」で,「重要な政策争点において広く包摂的な熟議をする」(ジョンソン,2011：p.163)過程に寄与する試みともいえる。原発をめぐる従来の議論は経済性や安全性(とりわけ人命)に偏っており[11],自然環境や生物多様性を維持すること自体の価値や将来世代に対する責任などを争点化することで,現世代の人間中心的視点を相対化する必要があるが,パブリックディベートはそうしたより包摂的なコミュニケーションを創出する場として機能する可能性をもっている。

❖対話の場の創出をめざして

無論,原発をめぐる議論の場を,本章で提示したパブリックディベートというメディア形式のみに限定する必要はない。たとえば大半の読者にとって,パブリックディベートを運営することは現実味がないかもしれないが,原発をテーマにしたフォーラムや公開討論会の筆記録を入手し,批評することはできる。数は少ないが,東北大学未来科学技術共同研究センター主催によるオープンフォーラムや,やらせ問題で広く知られるようになった玄海原発プルサーマル計画に関する公開討論会などの筆記録がインターネット上で公開されている[12]。

これらのフォーラムや討論会で行われている議論と主流メディアの報道を比較したり,興味をもった論点をさらに掘り下げて調べてみるのもよいだろう。さらに,フォーラムや討論会を視聴し内輪で話し合うだけでなく,自らの見解や講評を書き,さまざまなメディ

---

11)「福島第一原発事故では直接誰も死んでいない」と言う発言がしばしばなされることが,その端的な例である。
12) 2013年3月26日現在,オープンフォーラムの筆記録にはアクセスできない。

アを使って発信していくこともお勧めしたい。こうしたメディア・リテラシー実践は，前述の「解釈的円環」に加わることを意味し，ひいては「原子力に関する意見の相違を越えた共通の課題」である「対話の場の創出」（狩川他, 2010：164）にもつながるのである。

> ●ディスカッションのために
> 1 『読売新聞』や『朝日新聞』などの全国紙に掲載された過去の社説を読み，各新聞が原子力のエネルギー利用についてどのような主張をしてきたかを調べてみよう。
> 2 原発の安全性の他に，トランスサイエンスの領域に属する問題を一つ挙げて，1) 科学的にわかっていること，2) 科学的にわかっていないこと，3) 科学的にわかっていないことがわかっていること，4) 科学的には決められないことを話し合ってみよう。
> 3 原子力のエネルギー利用の是非を決める際に，最も考慮すべき要因は何かを話し合ってみよう。また，定量化しにくい社会的・文化的・環境的価値，生態系や生物多様性への影響，将来世代への責任が，今後のエネルギー政策の意思決定プロセスにおいてどれだけ重要視されるべきかについても意見交換をしてみよう。

引用・参考文献
朝日ジャーナル（1979）「安全装置が働かなかった原発をどう考えるか—スリーマイル島原発事故を分析する」7月13日号, 28-38。
朝日新聞（1976）「原子力推進の二つの前提条件」10月11日付朝刊, 5面。
朝日新聞（2009）「「原発城下町」見えぬ議論 言えぬ空気」1月28日付朝刊・福島中会, 35面。
安 俊弘・松本三和夫（2011）「福島原発事故を招いた社会的要因をさぐる—独立な専門知による適正な評価システムをいかにつくるか」『科学』9月号, 904-913。
飯田哲也（2011）「フクシマへの道—分岐点は六カ所にあった」『「原子力ムラ」を越えて—ポスト福島のエネルギー政策』飯田哲也・佐藤栄佐久・河野太郎, NHK出版, 143-173頁。
石川迪夫（2010）「間違いだらけのNHKスペシャル『原発解体』」『WiLL』4月号, 106-112。
枝廣淳子・江守正多・武田邦彦（2010）『温暖化論のホンネ—「脅威論」と

「懐疑論」を越えて』技術評論社。

荻上チキ・飯田泰之・鈴木健介（2010）『ダメ情報の見分けかた――メディアと幸福につきあうために』NHK出版。

開沼　博（2011a）「理想を語るだけでは解決せず」『朝日新聞』9月13日付朝刊, 13面。

開沼　博（2011b）『「フクシマ」論――原子力ムラはなぜ生まれたのか』青土社。

狩川大輔・八木絵香・鳥羽　妙・高橋　信・北村正晴（2010）「原子力技術に関する「対話場」の設計に関する研究」『日本原子力学会和文論文誌』**9**(2), 150-165。

原子力安全委員会（2002）『原子力安全のひろば「Safety & Dialog」』創刊号（2002年6月号）〈http://www.nsr.go.jp/archive/nsc/anzen/s-d/s-d.htm（アクセス：2013年4月4日）〉

河野太郎（2011）「東北大震災から原発事故へ――3月21日～4月30日」『「原子力ムラ」を超えて――ポスト福島のエネルギー政策』飯田哲也・佐藤栄佐久・河野太郎, NHK出版, 65-104頁。

後藤康志（2004）「日本におけるメディア・リテラシー研究の系譜と課題」『現代社会文化研究』**29**, 1-18.

小林傳司（2007）『トランス・サイエンスの時代――科学技術と社会をつなぐ』NTT出版。

柴田鐵治（2011）「メディアの原発報道は失敗に次ぐ失敗だった」『創』7月号, 50-55。

柴田鐵治・友清裕昭（1999）『原発国民世論――世論調査にみる原子力意識の変遷』ERC出版。

週刊金曜日（2011）「電力会社が利用した文化人ブラックリスト」4月15日号, 18-19。

週刊東洋経済（2011）「原子力――暴走する国策エネルギー」6月11日号, 34-35。

ジョンソン, G. F.（2011）『核廃棄物と熟議民主主義――倫理的政策分析の可能性』船橋晴俊・西谷内博美［監訳］, 新泉社。(Johnson, G. F. (2008) *Deliberative democracy for the future: The case of nuclear waste management in Canada.* Toronto, CN: University of Toronto Press.)

白井哲哉・水町衣里・加納　圭・黒川紘美・仲矢史雄・元木　還・塩瀬隆之（2011）「原発をめぐる情報伝達に関する意見交換会から得られたコミュニケーションギャップ」『科学技術コミュニケーション』**9**, 107-119。

しんぶん赤旗（2010）「チリ地震が警鐘 原発冷却水確保できぬ恐れ 対策求める 住民」（3月1日）〈http://www.jcp.or.jp/akahata/aik09/2010-03-01/2010030101_05_1.html（アクセス：2013年3月26日）〉。

鈴木みどり［編］（2004）『新版 Study Guide メディア・リテラシー【入門編】』リベルタ出版。
前衛（1977）「三科学者，大いに語る―核兵器と原子力平和利用について」10月号, 49-61。
「第2回原子力に関するオープンフォーラム―「高レベル放射性廃棄物」に関する専門家と専門家の対話」（2009）〈http://www.procom.niche.tohoku.ac.jp/pdf/nuclearopenforum2.pdf（アクセス：2011年11月5日）／2013年3月26日現在アクセス不能〉。
辻　さつき・神田玲子（2008）「日本人の原子力・放射線観に関する調査研究」『日本リスク研究学会誌』**18**(2), 33-45。
内閣府政府広報室（2009）「『原子力に関する特別世論調査』の概要」〈http://www8.cao.go.jp/survey/tokubetu/h21/h21-genshi.pdf（アクセス：2013年3月26日）〉。
中村　功［他］（2005）「原子力安全基盤調査研究『日本人の安全観』（平成14年度〜16年度）報告書」〈http://cidir-db.iii.u-tokyo.ac.jp/hiroi/pdf/report/saigairep/saigairep068.pdf（アクセス：2013年4月15日）〉。
七沢　潔（2008）「原子力50年・テレビは何を伝えてきたか―アーカイブスを利用した内容分析」『NHK放送文化研究所 年報2008』**52**, 251-331。
日本原子力文化振興財団（2010）「第17回原子力ポスターコンクール 原子力・放射線をテーマに，作品募集！」〈http://www.meti.go.jp/press/20100621009/20100621009-2.pdf（アクセス：2013年3月26日）〉
日本原子力文化振興財団（2011=1991）「原子力PA方策の考え方」『大震災・原発事故とメディア』メディア総合研究所・放送レポート編集委員会［編］, 大月書店, 89-110頁。
ハンセン, J. E.（2012）『地球温暖化との闘い―すべては未来の子どもたちのために』中小路佳代子［訳］日経BP社（Hansen, J. E.（2012）*Storms of my grandchildren: The truth about the coming climate catastrophe and our last chance to save humanity*. New York: Bloomsbury）
平川秀幸（2010）『科学は誰のものか―社会の側から問い直す』NHK出版。
平川秀幸（2011）「3・11以降の科学技術コミュニケーションの課題―日本版「信頼の危機」とその応答」『もうダマされないための「科学」講義』飯田泰之＋SYNODOS［編］, 光文社, 152-209頁。
藤垣裕子・廣野喜幸［編］（2008）『科学コミュニケーション論』東京大学出版会。
八木絵香・北村正晴（2008）「原子力問題に関する新しい対話方式の可能性」『科学技術コミュニケーション』**3**, 16-29。
若松征男（2010）『科学技術政策に市民の声をどう届けるか』東京電機大学

出版局。

Fuller, S. (2006) *The philosophy of science and technology studies.* New York: Routledge.

Michaels, P. (1992) *Sound and fury: The science and politics of global warming.* Washington, DC: Cato Institute.

Mitchell, G. R., & Paroske, M. (2000) Fact, friction, and political conviction in science policy controversies. *Social Epistemology,* **14**(2/3), 89-107.

Munksgaard, J., & Pfister, D. (2003) The public debater's role in advancing deliberation: Towards switch-sides public debate. In C. A. Willard (Ed.), *Critical problems in argumentation.* Washington, DC: NCA, pp. 503-509.

Snider, A., & Schnurer, M. (2006) *Many sides: Debate across the curriculum* (revised ed.). New York: International Debate Education Association.

United Nations Framework Convention on Climatic Change (2001) *Report on the Conference of the Parties on the second part of the sixth session, held at Bonn from 16 to 27, July, 2001.* 〈http://unfccc.int/meetings/bonn_jul_2001/meeting/6357/php/view/reports.php（アクセス：2013年3月26日）〉.

Wynne, B. (2007) Public participation in science and technology: Performing and obscuring a political-conceptual category mistake. *East Asian Science, Technology and Society: An International Journal,* **1**, 99-110.

第10章

オルタナティブ・メディアの生成

ドキュメンタリー *The Return of Navajo Boy* とその試み

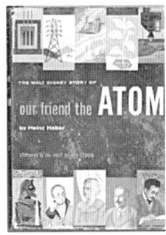

Our Friend the Atom が収録された DVD（左）（Walt Disney Studios Home Entertainment, 2004）と書籍（右）（Haber, 1956）

1957年，ディズニー・プロダクションは「原子力の恩恵」を謳った映画 *Our Friend the Atom* を製作する。

テレビ番組 *Disneyland* において放映されただけでなく，公立学校での映写会や授業にも使用されたこの映画は，同名のグラフィックな本とディズニーランド内「Tomorrowland」の展示を組み合わせたスペクタクル的「原子力広報」で，アメリカ・ベビーブーム世代のほとんどが何らかの形で接したといわれる。

核に関わった古代ギリシャ哲学者から近現代の科学者たちを取り上げ，原子力の科学的仕組みをわかりやすく解説し，例のアニメーションの描写と物語で，原子力によってもたらされる「輝かしい未来」を楽しく興味深く描いている。この映画は1958年日本テレビ系（読売新聞系列）でもオンエアされ，日本の原子力開発の子供たちへのPRに貢献している。ディズニーもまたある意味では原子力の米日特殊利益集団の一員であることがよくわかる。

1 はじめに

アリゾナとユタの州境，メサ（台形の段丘）やビュート（浸食の進んだ岩山）が点在し，まるで巨大な記念碑が並んでいるかのような景観からその名のついたモニュメント・バレーが，スクリーン上に浮かび上がる。左から右へ，そしてカメラは「ジョン・フォード・ポイント」と呼ばれる有名なビュー・スポットを映し出す。と同時に男性の声のナレーションが，笛のメロディとともに聞こえてくる――「私の家族はここモニュメント・バレーに長い間住んできた」。朱色の岩山，道沿いの平屋と車，「OPEN」の表示のある建物の入り口に女性が1人もたれかかっている。「私の名前はロレンゾ・ビゲイ。私はナバホ」。風にはためく二つの旗，笛を吹くロレンゾの姿，めくられる白黒の写真――。

> 数年前，一人の男が私の家族の古い写真を持ってやってきた。それは私たちが一度も見たことのなかった映画からのスチール写真だった。写真が誰かの人生を変えることができるなんて思ったことはなかった。でもそれは the return of the Navajo boy 以前の話だ。

図 10-1 モニュメント・バレー

図 10-2　*The Return of Navajo Boy* 公式ホームページ
〈http://navajoboy.com/（アクセス：2013 年 3 月 26 日）〉

　後に本論でも示されるように，ここでオリジナルの英語表現をあえて残した最後の言葉はすでに二重，三重の意味を帯びているのだが，その一つは間違いなく，「でもそれは，この映画 *The Return of Navajo Boy* 以前の話だ」である。映画がそこに関わる人にこのように言わしめ，それが語り手だけでなく「私たち」を代弁し，映画の的確な「要約」ともいえるとき，この言葉は，単なる「興味を引く導入」の目的のみには還元され得ない，映画がもたらした変化の内在的な不可逆性のしるしである。そして仮に情報伝達手段に，何らかの「既存の支配的なものに取って代わる新しさ」を付与することができるのだとすれば，それはおそらくそうした変動の推力を絶対的に不可欠とするのではないだろうか。

2　*The Return of Navajo Boy* と表象の問題

❖ *Navajo Boy* の返還

　The Return of Navajo Boy はジェフ・スピッツによって監督・共同制作され，2000 年に完成，同年 PBS[1] においてアメリカで全国放送されたドキュメンタリーで，ナバホ居留地に暮らすある一族，ハッピー・クライとウィリー・クライを祖母・祖父とし，現在は自らも孫をもつ年代となったエルシー・ビゲイや彼女の兄弟・従兄弟

たちの物語を，エルシーの息子・ロレンゾによるナレーションを加えて，鮮やかに綴った作品である。

ドキュメンタリーの最初の部分でその出会いの場面が映し出されているように，この作品は，1997年にシカゴ在住のビル・ケネディが，亡き父・ロバート・ケネディの50年代初期の映画 *Navajo Boy: The Monument Valley Story* を，知人のジェフ・スピッツとともに，そこに登場していたクライ一家に返還したことに端を発している。27分の短編作品 *Navajo Boy* は，やや民族誌的な映像（牧羊，織物作り，髪結いの様子といったナバホ族の日常生活や，病気治癒の儀式などを撮影したもの）と，1人の少年を主人公とする物語（祖母の病を知った少年がロバで昼夜をかけて砂漠を渡り，途中くじけそうになるところをスピリチュアルな存在に励まされて，メディシン・マンを連れてくる）とを組み合わせた作品で，祖母であるハッピー・クライとジミー・クライ少年を中心に，クライ一家の映像と協力によって初めて可能となった映画であった。

The Return of Navajo Boy の最初の部分でビルは，かつての少年・ジミーを初めて訪れる。続いて，映画に登場する子供たちのなかで最も年長だったこともあり，その撮影についてよく覚えていたエルシー（ジミーの従姉妹にあたる）に会って状況を説明し，親族とともに *Navajo Boy* を見る。ジミーが酷暑のなか言われたように「演技」をしても，たった25セントしか稼げなかった映画，そこに登場しながらそれまでは誰も眼にしたことがなかった映像を，一族が初めて見つめる様子が映し出される。

したがって *The Return of Navajo Boy* は，そのタイトルに示さ

---

1) アメリカの非営利・公共放送サービス，Public Broadcasting Service の略。連邦・州政府からの交付金や企業・個人からの寄付金などで運営されており，主に教養・教育番組を放送している。制作番組では *Sesame Street*（セサミストリート）」などが日本でも知られている。

れるように，まずは，一つの古い映画が長い時間を経て，そこに映っていた家族の元に戻ってきたということを意味している。そして，この作品のなかほどにおいて，エルシーがナバホの観衆に向けて自分たちの映画の経緯について話しているように，この返還は，先住民が抱える伝統文化の喪失と継承の深刻な問題にも，少なからず関わっている。今や消えつつあるナバホの歴史的作法や慣習が，偶然にも古い映像によって蘇るとき，それは「過去」の，部族の遺産の回帰という側面を強くもつのである。

❖自分たち自身のドキュメンタリー

しかしながら，*The Return of Navajo Boy* がもつ独特の力強さは，古い映画の視線との連続性ではなく，むしろその不連続性に存在している。このドキュメンタリーの最初の部分で語り手であるロレンゾは，母親のエルシーとも相談し，ビル・ケネディやジェフ・スピッツの協力のもとにその古い映像を使って「違った種類の映画」を作ることにした，と述べるのだが，それはすなわち，*Navajo Boy* に「欠けている部分を補」った新たな映像による紡ぎ直しを，あるいは，外からの視線では捉えることのできない「自分たち自身のドキュメンタリー」としての *The Return of Navajo Boy* のアングルを静かに表明している。

この作品の前半から映像によって絶え間なく提起されるのは，表象の問題，視線の占有の問題である。ハリー・ゴウルディングよるナバホ居留地での白人向け観光ビジネスの展開によって，彼を受け入れたクライ一家は40年代から多くの写真や映像に撮られるようになる。ゴウルディングはジョン・フォードをも呼び寄せることに成功し，モニュメント・バレーを背景にジョン・ウェイン主演の西部劇がいくつか撮られたが，それにエルシーの父が「血に飢えたコマンチ族」として参加させられていたことが語られている。映画の

図 10-3 コマンチ族が敵役として登場するジョン・フォード監督作品『捜索者』（1956 年）

戦闘シーンを背景にナバホ語が聞こえてくる。

> 連中がいったい何を考えてたのか，誰にもわからないよ。連中はティピーを建てたかと思えば，俺たちに戦えだの，それを破壊しろだの言うんだ。

またその数のあまりの多さに，ある雑誌が「アメリカで最も写真に撮られた女性」とさえ呼んだのはハッピー・クライだったが，しかし，ほとんどの写真において彼女は，名前ではなく「ナバホの女性」あるいは「機を織るナバホの女性」と表象されていることも，重なる映像とロレンゾの語りで明らかになる。土産物屋の壁一面に並ぶポストカードの売場の前でエルシーはナバホ語で呟く。

> これでいったい誰が儲けたのかしら。写真に写っているのは私たちなのに。いったいどれだけ儲けたのかしら。この写真は私たちのかつての様子を見せているけど，でも私たちが何かを言える機会なんて一度もなかったわ。

フォード映画のメイキング・クリップや *Navajo Boy* といった 50 年代の映像を，クライ一家の現状や固有名・声などにつなぎあわせ映像編集を施し，スピッツはそのコントラストを際立たせ，ステレオ

タイプ的表象のもつ「意味」をズラしていく。見たいものだけを見るという外からの視線に，それが見落としたものを対置することで，逆にそこに映る人びとの存在そのものを回復させているのである。

3 ウラン被ばくと構造的差別

❖ウラン鉱山

　The Return of Navajo Boy が描き出すクライ一族の（そしてひいてはナバホ族の）抱えている複雑で深刻な諸問題のなかで，緊急性という側面からおそらく表象の問題以上の強度で，この作品の根幹を形作っているのは，ウランによる被ばくの問題である。97年に初めて居留地を訪れ，エルシーの家に程近い赤褐色のメサにくっきりと浮かび上がる灰色のシミを見たスピッツは，それが今では廃鉱になったウラン鉱山からのものであることを聞き知る。クライ一族や他のナバホの人びとと交流するなかで，一族の個人史に浸食する巨大な暴力としての環境的不正義の問題に気がついた彼は，それをドキュメンタリーのなかに映像として記録していく。

　Navajo Boy に映っていた少年たちはみなウラン採掘労働に従事していくこと，採掘会社はウランの健康上の危険性や核兵器への最終的利用などを全く伝えなかったこと，除染もせずに廃鉱にしすべてをそのままに残していったため，周辺住民が日常的に利用する土壌や水にまで汚染が広がっていること，汚染を知らずに家屋の建設素材に周辺の土壌や岩を使用したため，居住環境でも高い放射線に晒されていること，エルシーの弟バーニーは肺癌を患い手術をしたが，政府による補償の適応外とされ続けていること，数年前に政府が調査に来たが，結果はいまだ知らされていないこと，移住の可能性を告げられたが，他に行く場所がないこと，*Navajo Boy* で病気治癒の儀式を受けたハッピー・クライと，その娘でエルシーの母で

あるエルシー・ジナが肺の病で（後者は2歳の幼児を残して）亡くなっていること，（またDVDに収録された*Epilogue*[2]ではエルシーの息子二人が若くして癌で亡くなっていること）などがそれぞれの証言によって次第に明らかになる。

ドキュメンタリーは，ウランによる被ばくとクライ一族に多発する病・死との間の物理学的・科学的証明を専門的に提出するものではない。だが，科学的な証明責任とはいったい誰にあるのかを問うかのように次々と吸い上げられる，直接的な証言のいくつもの小さな点を，観衆はこの作品を見ながらある種の「客観性」でもってつないでいくことができる。そして，証言の間に差し込まれたカー・マギー社のプロモーショナル映画 *A Navajo Journey* が謳うナバホの「輝かしい明日の未来」，それが雄弁であるがゆえにかえって，内包する独善性を露わにしていくのである。

✣原子力開発がもつ差別の構造

原子力開発が根本的にもつ差別の構造は，すでにいくつも報道や研究によって各々の国や地域に即して指摘されてきたが，アメリカの場合のそれは，バレリー・クレッツによれば「核の植民地主義」

---

[2] *Epilogue*（15分）は2008年に制作された短編ドキュメンタリーで，*The Return of Navajo Boy*（2000）後に起きた変化や，そこではまだ明らかになっていなかったクライ一族とウラン被ばくに関する新たな事実などを記録・映像化したものである。*Epilogue*は，公式ウェブサイト（☞本書179頁）から購入することのできる *The Return of Navajo Boy*（DVD）に一緒に収められている。またこのDVD版では監督ジェフ・スピッツによる解説 *Impact Slideshow*, *Navajo Boy: The Monument Valley Story*, *Webisodes* 1〜6，フォトギャラリーなども視聴することができる。ただ残念ながら字幕は英語，フランス語，ポルトガル語のみとなっていて，日本語字幕については2012年5月現在，「グラウンズウェル」と交渉・検討中である。

とでも呼べるようなもので，とりわけ先住民に対する歴史的かつ構造的差別と切っても切り離すことができない。先住民の居留地や聖地が地理的・経済的な「辺境」に位置していたこと，ウラン埋蔵の大部分がそうした「辺境」に存在することなどは，鉱山開発から原子爆弾の製造・実験，核廃棄物の処分にいたるあらゆる段階で，核の時代に伴う犠牲の多くを先住民に強いるという結果をもたらした。

500ヶ所以上の鉱山が存在するナバホ居留地やラグナ・プエブロ居留地などにおけるウラン採掘，ネバダ核実験場がおかれたウェスタン・ショショーニー族の生活圏，イヌイットの生活圏であるアラスカ・ポイントホープやヤカマ居留地などの核廃棄物処分場といったものが代表的なものとして挙げられるが，またそこにはユッカマウンテンやフォート・モハベ族による核処分場の阻止運動といった継続中の諸運動を付け加えることも可能である。

もちろん「辺境」と呼ばれているものは，一見自然な外観を呈していながら，実はアメリカ政府による強制移住の反復や契約不履行・放置，伝統文化の否定や権利の剥奪といった政治力学のなかで，人為的な貧困を基盤に歴史的に形成されてきたものに他ならない。放射能の問題を知りながらも，今日では居留地への核関連産業の誘致に積極的な部族もまた多く存在することは，それぞれが抱える背景の複雑さと貧困の深刻さをかえって物語っているが，それが環境破壊のみならず，コミュニティの分断や労働力の買い叩き，依存体制の強化といった深い傷痕をもたらしていることもまた一方で指摘されている（鎌田, 2009；石山, 2004 参照）。

❖不可視化される問題

アメリカで 1980 年代頃に登場した「environmental racism（環境的人種差別）」の概念や，環境問題と社会的不平等を結びつけた環境正義運動が，近年日本でも注目されつつあるが，有害施設の「周

図10-4 *The Myths of August* (Udall, 1994)

辺部」への押しやりが、当該地域に居住するマイノリティの公的政治力や自治権の弱さを前提にしているということを明らかにしたことは成果の一つである。いわゆる「リスク管理」の論理をある意味で徹底的に反映させたもので、もしその地域で何かあったとしても、そこは低人口で政治的発言力が弱いため、被害が少なく補償も安くすみ、あわよくば"存在しないもの"にさえすることができる、という類の認識が「(迷惑)施設立地に適切・不適切」の決定に底流しているということである。

顕在化に10年、20年という期間を要し、別の因果関係の「科学的」立証も可能な病を引き起こす被ばく被害が、そのようなロジックをもつ環境人種差別の「効果」によって不在化されてきたことは、アメリカ原子力委員会（AEC）を中心とする原子力開発とそれに伴う誇大広告や隠蔽の歴史が証明している（ユードル, 1995参照）。

アメリカの被ばく者たちは半世紀近い長きに渡って、つい最近まで（そして場合によっては今もなお）沈黙と不可視に留め置かれ、その間、膨大な数の犠牲者が何の謝罪も補償も受けられずに亡くなっていった。「国家安全保障」を最優先とし、科学技術に対する熱狂と原子力神話の盲信に特徴づけられる冷戦=核の時代に、国家機関、メディア、司法なども巻き込んだ「いないことにする」構造が、さまざまな被ばく者たちを周縁化し、その可視化の努力を悉く阻んできたのである。

4 映画を通した「主体」の構築

❖主体を取り戻す

核の植民地主義と環境人種差別が典型的に連動するように見え

第 10 章　オルタナティブ・メディアの生成　*187*

るクライ一族の物語を幾重にも紡ぐ *The Return of Navajo Boy* が，しかしゆっくりと静かに転調していくのは，表象の問題も絡む「視る・視られる」の関係の転換と不可視化への抵抗をめぐってである。それはすでに作品の冒頭でロレンゾの言葉によって予告されていた。

> 写真が（引き金となって）誰かの人生を変えることができるなんて思ったことはなかった。でもそれは the return of the Navajo boy 以前の話だ。

　監督であるスピッツと作品に映る人びととの間で制作の主導権や映像の取捨選択をめぐる議論がどれほどあったのかは定かではない。しかしドキュメンタリーの記録を通じてなされた過去の蘇生，証言の映像化，声の回復，不正義への見つめ返しといったものが，映画の後半に入りクライ家の人びとに徐々に「主体」を取り戻させ始めたようにも見えてくるのである。ウラン採掘被害者の会でバーニーはナバホ語で次のように語る――。

> 我々は時に伝統的な儀式で喫煙する。（「白人のタバコ」ではないにも関わらず「喫煙」を理由に補償を適応外とする）政府は我々の伝統を理由に我々を不利な立場に追いやろうとする。彼らが我々の要求を拒否するなら，我々の映画がこの不正義を暴いていく。

　かつては視線を占有され，撮られるがままだった人びとが，自らを自らの手で映像化し逆に相手を見つめ返していく。

✥ *Webisode*

　このドキュメンタリーの本編自体はこの後，もう一つの「ナバ

ホ・ボーイの帰還」[3]という最終の物語に焦点を絞っていくのだが,本編の外にはみ出してもなお必然的に付随する幾つものエピソード(*Webisode*と呼ばれ,公式サイトでも公開されている)においても,そうした類似の「主体的」足取りがしっかりと刻まれている。

それまで一度も遠くに旅したことのなかったエルシーは,時にはヒッチハイクをしながら,この作品を抱えて各地を訪れ種々のイベントに参加し,一族の代表として,ウラン被ばくの苦境を訴える活動に取り組み続けている[4]。

ロレンゾの妻でエルシーの義理の娘・メアリーもまた,ようやく始まった連邦環境保護局(EPA)による除染活動をカメラに収めてサイトで公開し,自ら「撮る主体」として動き始めた。コロニアルな我有化や「観光的」視線をすり抜け「自分たちの映画」の制作を通してなされる「主体」の変成。クライ家のみならずナバホの人びとが直面させられている被ばく問題との映画的向き合いによって,「自己」との関係が,集合的経験との結節点において変容していくのを感じ取ることができるのである。

---

3) 母の死と祖母の病によって当時まだ2歳だったエルシーの末弟ジョン・ウェイン・クライは宣教師たちに預けられることになる。数年後の帰還の約束は反故にされ,ジョンと姉・兄たちは生き別れになってしまうが,バーニーを特集した新聞記事がきっかけで家族は約40年ぶりに再会する。
4) 監督であるジェフ・スピッツも解説で述べているように,「Navajo Boy」という言葉をタイトルに含む作品の一つの効果が「Navajo Grandma」のそうしたアクションであることはある意味で非常に興味深い。公式ウェブサイトでは,エルシーだけでなく,ナバホの「Grandma」たちのワシントンDCなどでの活動も一部紹介されている。

5 映画をめぐる多様な試み

❖グラウンズウェル・エデュケーション・フィルムズ

　DVD に収録された「解説」でスピッツが強調しているのは,「目に見えるようにしておく（keep visible）」である。

　ウランによる被ばく・環境汚染問題が, 対応の即時性や適切さだけでなく, 時間的・空間的広がりをもつからこそ, かつての「視野に入らないなら存在しない」状態に後戻りすることはもはや許されない。このドキュメンタリーの制作・管理団体であり, スピッツ自身が共同設立した「グラウンズウェル・エデュケーション・フィルムズ」の目的の一つは, ドキュメンタリーを通じて, 周縁化されてきた地域の人びと, 特に情報社会から取り残されてきた人びとにメディア活用技術を譲渡することであり, 実際, この NPO 団体は最初の作品である *The Return of Navajo Boy* と融合してそうした試みを具体的に発展させてきたようである。映画祭参加や全国放映だけでなく小規模の上映会をいくつも積み重ね, 大学やミュージアム, 文化イベントやカンファレンスなどを通して映画関係者と観衆の直接的な議論・交流の場を数多く作ってきた。また映画の制作と同時にとりわけ精力的に取り組んだのが, 当時この問題にほとんど気がついていなかった報道関係者への積極的アプローチと「教育」である。さまざまなデータや資料を提供し, この被ばく問題への関心を喚起する一方, 上映会ごとにプレスリリースを配布してその地域の報道メディアと連携を図る。記事のみならず, ウラン被ばくに関する書籍の出版をも促進した, こうした軌跡の一端（さまざまな年代の観客との交流の様子や取材を受ける様子など）は *Webisode* にも見ることができる（取材にきた記者に逆に「あなたが私の立場なら何をする？」と質問する姿に, 方途を模索する絶え間ない努力を垣間見るのである）。

❖新しいメディアの活用

 いわば「既存」のメディアを最大限に援用した諸活動——しかし「グラウンズウェル」と *The Return of Navajo Boy* の挑戦においては，新しい媒体の積極的活用が占める位置も実はまた同じくらい重要である。すでに言及した *Webisode* や最新情報などを発信するための公式ウェブサイト設置，YouTube 利用，RSS 配信[5]。映画関係者と観衆との交流だけでなく，この問題に関心をもつ者同士を結びつけるネットワーク構築のための Facebook や Twitter の活用——公的な場にプラットホーム的プログラム・環境を案出するというこのような探求は，たとえば，PBS サンフランシスコ支社との協力による高校向け授業用カリキュラムの作成・無償提供や，ノースウェスタン大学化学学部との提携で作成された水質汚染状況把握用テンプレート兼ウェブサイトにも「飛び火」し，若い世代の教育にもその裾野を広げている。

❖増殖し続ける未完の作品

 新旧のメディアを駆使してなされる諸運動のなかで，さまざまな関係性や「アイデンティティ」の不断の編み直しが，社会的不正義に対する抗議と横並びで進んでいく。

 スピッツが「メディアを通して（直接交渉ではなかなか相手にしてくれなかった）連邦環境保護局とコミュニケーションを取る」形になったと述懐しているように，こうして歩一歩と形成された社会的

---

5) ウェブサイトやブログなどの更新・新着情報を自動で知らせてくれる機能。「RSS リーダー」と呼ばれるソフトウェアや対応ブラウザを利用して，RSS 配信を行っている気に入ったサイトを登録すれば，その最新情報の概要をリアルタイムで知ることができる。利用者にとっては，サイトを定期的に訪問することなく効率良く情報を収集することができるというのが大きな利点となっている。

第 10 章　オルタナティブ・メディアの生成　*191*

圧力が，袋小路的状況に変化をもたらし始める。ドキュメンタリーとそれをめぐる種々の試行錯誤は，バーニーへの補償を実現，クライ一族の居住地周辺の調査の実施を経て，2008 年の除染活動の本格的始動に結実していくのである。

　このドキュメンタリーをユニークにしているもの，それは（エルシーの独特のユーモア・センスのみならず）この作品が「未完」であるという点である。ナバホ居留地に，いや，ひいてはその他の土地に存在する，多数の，似たような苦境に立たされている人びとを「目に見える」ようにし，同様の配慮が得られるようにすること──物語は，まずはそのために，オンライン上に公開されたいくつもの Webisode として今後も増殖し続けるという。これまでと同様，多様なイベントに参加し新たな実践を探り，他の類似の諸運動や展開するテクノロジーに連結して自らを変容させていくはずである。

　すべての原子力開発の始まりとなるウラン採掘の実状を，ある家族の物語によって逆照射した映像群とその挑戦が観る者の目を捕らえて離さないのは，「原子力ルネサンス」によって再び多数の採掘会社が許可を求めて居留地の入り口に群がり始めているという事態だけのせいでは，おそらくないだろう。それはたぶん，そこに関わる彼・彼女たちと目を合わせたときに初めて幻視され得る，現在の緊迫する事態にむしろより強かに反応できるような，複眼的で柔軟な運動の潜在性にもよるものなのである。

❻ 生成する「オルタナティブ・メディア」

❖非系統的で自由な連想

　他の言葉と同様，「オルタナティブ・メディア」もまた使う人によっていろいろなものを指し示し，時代や場所とともに意味を変転させていくこともあるだろう。だが今現在のこの語の一般的な使用

に共通するニュアンスが、単なる「新しさ」のみならず、今なお「正義」としか呼びようのないものをどこかに胚胎しているのだとすれば、*The Return of Navajo Boy* とその試みは、「オルタナティブ・メディア」を検証するにあたって、非常に興味深い手掛かりを与えてくれるように思える。

　この作品とそれに連なるアクション群は、「映画」というメディアから始まったのではあるが――おそらくは安定した場所でというよりは、危なっかしい足場からの格闘や揺れのなかで自己やコミュニケーションを何度も織り直しながら――多種多様な情報伝達手段を横断し、さまざまな陥穽をすり抜ける網の目のような交通の身のこなしを体得してきた。そしてそれは定式化するものではなく、その形式を絶えず変えていけるような非系統的で自由な連想に満ちている。

❖プロパガンダとオルタナティブ・メディア

　19世紀「大衆」の登場以来のマス・メディア、マス・コミュニケーションによる「プロパガンダ」の歴史から得られた知慮の一つ、すなわち、メディアの技術や種類がその「オルタナティブ」性を直接的に担保するわけではけっしてない、という事実を想起するならば、幸か不幸か、「オルタナティブ・メディア」なるものは先天的には存在しない（その時点・状況によっては比較的そうなりやすいメディア・技術もありはするだろうが、それは「逆」に作用する危険性もより大きいのであり、あくまでも相対的かつ外在的なものにとどまり続けるだろう）。

　既成の構造・制度によって改善されないどころか、かえって固定化・劣悪化されてしまう事態への異議申立てのプロセスで、むしろメディアは、諸関係を練り直し各々の状況に応じた「新」を発明しながら「オルタナティブ・メディア」に「成る」のである。

あるものは既存の形式・技術を新たな発想で再利用し,あるものは最新のコミュニケーション・ツールを活用して未知の組み合わせを創出し,またあるものは——*The Return of Navajo Boy*の試みのように——多様な媒体を渡り歩き,伸縮自在の動きに従事する。「オルタナティブ・メディア」は,異議を唱えなければならない,それ自体もまた刻々と変わりゆく事態に,より「的確」に対応して自らを変成・編成させていく動きと能力なくしては何らかの形を成すことはできない,とさえいえるのかもしれない。

逆にいえば,そうした可変性に特徴づけられる「媒体」であればあるほど,それが「オルタナティブ」でなくなる確率も,もちろん,全くないというわけではないし,*The Return of Navajo Boy*をめぐる挑戦もまたその例外ではない。

それは,「支配体制」と共犯関係を築き,既成秩序・権力維持の「プロパガンダ」メディアと化す可能性を完全に免れているわけではない。だが,時折訪れるその公式ウェブサイトで最新情報を確認し新たな実践を目の当たりにする度に,*The Return of Navajo Boy*と「グラウンズウェル」の試みが,少なくとも今現在は,「オルタナティブ・メディア」というフィールドにおいて——映画にも登場するあのナバホのダンスのような——踏み締めると同時に軽やかな足取りで数歩先を歩んでいるのではないか,そんな印象をなかなか拭い去ることができないのである。

●ディスカッションのために
1 *The Return of Navajo Boy*と*Navajo Boy: The Monument Valley Story*の違いについて「主体」に注目して整理してみよう。
2 構造的差別についての本章記述を整理したうえで,日本の原子力政策について調査し,話し合ってみよう。
3 オルタナティブ・メディアとプロパガンダの違いを議論してみよう。

引用・参考文献

石山德子（2004）『米国先住民族と核廃棄物——環境正義をめぐる闘争』明石書店。

鎌田 遵（2009）『ネイティブ・アメリカン——先住民社会の現在』岩波新書。

ジョハンセン，B. E.（2010）『世界の先住民環境問題事典』平松 紘［監訳］，明石書店。(Johansen, B. E. (2003) *Indigenous peoples and environmental issues : An encyclopedia.* Westport, CT: Greenwood Press.)

中川保雄（2011）『増補 放射線被曝の歴史——アメリカ原爆開発から福島原発事故まで』明石書店。

八木 正（1989）『原発は差別で動く——反原発のもうひとつの視覚』明石書店。

ユードル，S. L.（1995）『八月の神話——原子力と冷戦がアメリカにもたらした悲劇』紅葉誠一［訳］，時事通信社。(Udall, S. L. (1994) *The myths of August: A personal exploration of our tragic Cold War affair with the atom.* New York: Partheon.)

Bullard, R. D. (2001) Environmental justice in the 21st century: Race still matters. *Phylon,* **49**, No.3/4 (Autumn-Winter), 151-171.

Haber, H. (1956) *The Walt Disney story of our friend the atom.* New York: Dell.

Kulets, V. L. (1998) *The tainted desert: Environmental and social ruin in the American West.* New York: Routledge.

Weisiger, M. (2012) Happy cly and the unhappy history of uranium mining on the Navajo reservation. *Environmental History,* **17** (January), 147-159.

Walt Disney Studios Home Entertainment (2004) *Walt Disney treasures tomorrow land: Disney in space and beyond.*

第11章

メディアとしてのミュージアム

公害資料館へのまなざし

映画『100,000年後の安全』公式HP
〈http://www.uplink.co.jp/100000/ (アクセス:2013年3月23日)〉

　ドキュメンタリー映画『100,000年後の安全』(マドセン,2009)は,フィンランドに建設中の放射性廃棄物を保管するための地下施設についての「記録」である。10万年後にようやく人体にとって無害となる放射性物質をその間保管することができる施設だとされているが,問題は,そこが10万年の間誰も立ち入ってはいけないことをいかに知らせ続けることができるのかである。「ここは21世紀に処分された放射性廃棄物の埋蔵場所です。／安全な所に保管する必要があります。／決して入らないでください」(公式HPより引用)と記したサインやモニュメントを建てたとしても,はたして未来の人たちがその意味を理解してくれるのだろうか。

　伝えることがメディアの一つの機能だとするならば,当然それは未来をも見据えたものでなければならない。公害資料館は,それを伝えようとしているのだろうか。そして私たちは,そのサインを見出そうとしているのだろうか。

1 はじめに

「観る」という行為は不確かである。例えばキリンの檻の前で五分以上熱心に眺めていた観客に、「今からキリンの絵を描いてください」と画用紙を渡したなら、どれだけ正確な絵が描けるであろう？　それほどまでに「観る」とは漠然とした行為である（三崎, 2005：p.98）。

三崎亜記の短編小説『動物園』は、私たちの「観る」という行為の不確かさを突く。「観る」側の意識に合わせて、「そこに存在しない動物」を出現させる能力をもつこの小説の主人公日野原は、ある小さな動物園の依頼で、ヒノヤマホウオウという珍しい動物の展示を行う。予算が限られた動物園が開園30周年に合わせて大きな展示をするための苦肉の策として、「そこに存在しない動物」を「本物」として見せることにしたのだった。

「観せる」側と「観る」側の意識を融合させることで、日野原はヒノヤマホウオウを出現させられるのだという。では、そうした動物の出現が象徴するものとはいったい何なのだろうか。また、それを「観る」とはどういう行為なのだろうか。この小説は、〈観せる／観る〉関係についてさまざまな問いを投げかける。

「公害」を伝える資料館は、この小説に登場する動物園のように、小規模で予算の限られたところが多い。いまだ解決の目途さえ立っていない問題が多数あるにもかかわらず、「公害」という事件が忘れ去られようとしている今、そうした資料館は何をどのように伝えようとしており、それを私たちはどのように受け止めるのだろうか。本章では、小説『動物園』を参照しながら、水俣市立水俣病資料館を例に、こうした公害資料館と私たちの関係がいったいどのように

成り立っているのか，現状の問題点を明らかにしていく[1]。

　ミュージアムというコンテクストにおいては，〈観せる／観る〉関係が変化することによって，オルタナティブな視点が生まれ得る。「公害」を伝える資料館が新たな見方に気づける場，つまり「メディア・リテラシー」が育まれる場となり得る可能性がないのかを探っていくことが，本章の目的の一つでもある。そのような場となるためには，私たちの「観る」意識が変わる必要がある。したがって，ここではミュージアムをまなざす視点を中心に，そこでどのような関係性を構築し得るかを検討していく。なお，ここでは資料館等も含めた総称としての博物館という意味で，「ミュージアム」という用語を必要に応じて使用する。

2　博物学的／記号的空間の誕生

　資料が広く大衆に公開されることが近代的ミュージアムの条件であるとするならば，その出発点を近代市民革命期（17世紀〜）とする見方が一般的である（伊藤, 1993：p.135）。それは，人がどのように自分や周りの世界を認識するのかという認識論的な場の変容が17世紀のヨーロッパにおいて現れた，とするミシェル・フーコー（1974）の指摘と無関係ではない。たとえば，自然を描写しようとすれば，それはその自然を体験した人が語る言葉で記述していくことであり，「言葉と物が交錯しあった分厚い書物を解釈＝再現していく」作業であったのが，17世紀の中頃から，「同一性と相違性の新たな視界」のなかで自然が再編成されるようになったことを意味する（吉見, 1992：p.11）。そして，その再編成には序列化という権力が作用しており，博物館や植物園，動物園といった空間にこうし

---

[1] 本章は，科研費（21530553）の助成を受けた研究内容を含む。

た力が顕著に表れているのである。

異国から運び込まれた珍しい動植物が，目に見える特徴に応じて記述・分類される空間として成り立つための要件は，リンネやビュフォンらに代表される博物館学が近代科学思想という衣をまとって登場したことである。博物館学に基づく動植物の再編成／序列化が，それ以降「当たり前」であるかのようになされるようになったのである。

ここで注意を要するのは，記述・分析の対象となったのが，物そのものではなく「庭や押し葉にした植物や蒐集された標本という，物と物とが並置された透明な空間」であったことだ（村田，2007：39）。つまり，博物館学が行ったこととは，「表(タブロー)」を前に視覚，すなわちまなざしの優位によって名を与え，秩序を与えていく」ことだったと，ミシェル・フーコー（1974）を引用しながら，村田麻里子（2007）は指摘する。

こうして生まれた「博物学的空間」（吉見，1992：p.16）は，記号的空間（Gebser, 1985）でもある。具体的なコンテクストから切り離された物は，博物館／ミュージアムという空間のなかで，恣意的な視点で切り分けられたカテゴリーのなかの一つの構成物／記号となってしまうのである。

3 消費社会のなかのミュージアム

伊藤寿朗（1993：p.167, 169）は，ジャン・ボードリヤール（1979）を敷衍しながら，博物館を消費社会の進行とともに形成されてきたものだと見なす。主体的に選んでいると思っているが，実は「産業（企業）の生みだす膨大な，幻の多様性のなかで，選ぶことを強制されながら，しかも自ら選ぶことができないというジレンマに直面している」のが消費社会を生きる私たちの姿で，そうした「受け身

の社会の進行とともに，博物館は急激に発展してきた」というのである。そして，そうした社会だからこそ，博物館は産業社会とは一線を画したアジール（避難空間）として求められてきたのだという。

アジールとしてのミュージアムという伊藤が指摘するような要素があることは，否定できない。しかし，そのアジールにおいてさえ，自ら選ぶことのできない行動を強いられてはいないだろうか。

ミュージアムに足を踏み入れ，順路にしたがって展示を眺めると，学んだ気にさせられる。一見，来館者が主体的に学んだと思わせるようなつくりがそこではなされているのだが，それは，ミュージアムが用意した「知の集積」を単になぞろうとする行為かもしれない。スーザン・クレイン（2009：pp.23-24）がいうように，私たちはミュージアムを「教育的で社会的な目的をもった制度と考えることに慣れ，また，ミュージアムがある種類の学問的な知識の内容を提示するのに適した場所であるという観念に慣れて」しまっているがゆえに，そこで主体的に考えるという行為を積極的に行わないのである。

また，ミュージアムは「本物」に出会える場であると私たちは思い込んでいる節がある。「本物」とは，私たち自身がそれとして作り上げたイメージであるにもかかわらず（☞本書122頁），「本物」としてミュージアムに提示されると，疑うことなくそれを受け入れてしまう。ミュージアムと他の機関を区別する条件の一つに「オリジナルな資料を収蔵（飼育を含む）していること」（伊藤，1993：p.5）が挙げられているが，「オリジナルな資料」と「本物」とは，イコールではないはずだ。

私たちは，ミュージアムにおいて，何らかの意味を見出そうとしているのだろうか。むしろ，展示物の横に添えられたキャプションや，説明書きを熱心に読んでいるだけのことが多いのではないか。それが積極的に学ぼうとする姿勢なのだと勘違いしている人が少な

くないのかもしれない。それは，ミュージアムが用意した「物語」を無条件に受け入れてしまうという危険性へとつながりかねないのに，そのことに気づかないままにミュージアムを後にするのだ。

4 「観る」という行為

　ヒノヤマホウオウの展示が始まる前日，飼育係の野崎のリクエストで，日野原はフタコブラクダの展示を行う。展示が終わると，野崎がやってきて，「ああ，いやぁな。フタコブラクダって言ったのはよ。こないだワシが担当してた奴が死んじまってな。そんで演ってもらったんだが。あんたうめぇもんだな。思い出しちまったよ」と告げる。しかしそれは，彼女にとっては当たり前のことだった。彼女が「観せた」フタコブラクダは，「彼の想いがフィードバックした結果」なのだ（p.105）。

　『動物園』では，「観る」という言葉が全編を通して使われている。「観る」とは，「観察」という熟語からもわかるように，念を入れてよく見るとか，単に見るだけではなく見て感じとったものを考察することである，と一般的には理解されているが，ここでは別の意味で使われている。つまり私たちは，観たいものを観たいように「観る」ため，観たいものがそこにあれば，それで満足してしまう。また，関心のないものは素通りしてしまうし，知らないことや新しいものがそこにあったとしても見過ごしてしまう。そのように，「観る」という行為のあいまいさが示されているのだ。

　ミュージアムの展示には，私たちの観たいという思いが反映されている。美術館には私たちの美的興味を満足させてくれるような絵画や彫刻が展示されているだろうし，歴史博物館には私たちが知りたい過去の事象が並べられているだろう。ヒノヤマホウオウの展示のように，集客力のある展示物を揃えた企画展を開催しようとする

ミュージアムが多いのも、私たちの思いがフィードバックされた結果なのである。観たいものがあるからこそ、私たちはそこに足を運ぶのだ。

では、公害資料館はどうなのだろうか。私たちは何を観たいと思い、実際に何を「観る」のだろうか。そこでは、限定された事前情報や知識しかもたずに訪れる多くの者が、資料館がもっている豊富な情報量に圧倒され、公害の実態を「観た」気にさせられているのかもしれない。また、「負の遺産」を伝える公害資料館は、患者の姿や被害の実態など、本来は心情的には「観たくないもの」を「観る」場所なのに、そうしたものが隠されているかもしれないのだ。公には見せてはいけないもの以外に、そこにないほうが都合のいいものや、なくてはならないものが排除されている可能性があるのならば、それは公害資料館の存在意義をも問われかねない重大な問題を孕んでいることになる。

5 記号的空間としての公害資料館

番号が振られ、かつテーマごとに区切られた展示スペースを順に進まされる。ミュージアムという空間は、前述したように記号的であり、公害資料館も例外ではない。水俣市立水俣病資料館のフロアマップ（図11-1）にもそうした順路が示されており、その順路にしたがって進めば、公害の発生から解決までを学ぶことができるようにデザインされている。学びのスタイルや方法は、人によって異なるはずなのに、そこではそれが容易には許されない。記号的空間とは、このように画一化されたものなのである（池田・クレーマー, 2000；Gebser, 1985）。

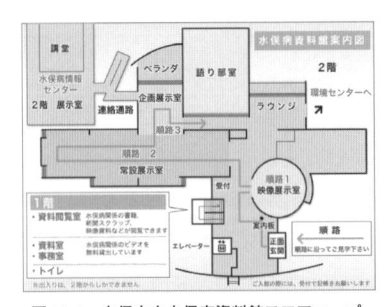

202　第Ⅲ部　関係性をつくりだすメディア

図 11-1　水俣市立水俣病資料館フロアマップ
〈http://www.minamata195651.jp/guide.html（アクセス：2013 年 3 月 26 日）〉

✤ 数値化される水俣病

　記号的空間とは，具体的な事象が恣意的な数値に置き換えられる空間でもある。たとえば，資料館に入ると，立体的な地図と棒を使って，認定患者数が不知火海沿岸のどこにどのくらい点在しているのかを知らせる展示が目に入るが，ここで来館者は，水俣病患者とは認定患者であるという定義を，数値として「観る」ことになる。

　㈶水俣病センター相思社の弘津敏男（1993）は，本来なら「患者の数え方には色々あるんですよね……」といった，長々とした説明が必要だという。「二十年くらい前に医者から水俣病だと言われた。でも，その時は勤めていたから申請せんかった。勤めを止めたときにすぐ申請したが，もう遅すぎたので認定されんかった」（弘津，1993：14）と語る人たちは，この展示が示す数字には含まれていないし，1995 年のいわゆる政治決着や 2009 年の水俣病救済特別措置法で，水俣病患者ではないが水俣病らしき症状があるとして一時金や医療手帳などの給付対象になった人は含まれていない。また，国は不知火海沿岸の全住民を対象とする健康調査をしておらず，2009 年と 2011 年に民間が行った健康調査／集団検診では指定地域外でも患者の疑いがある人たちが多数見つかったことが報告されており[2]，そうした人たちも当然ここには入っていない。実際にはさま

ざまな「患者」が大勢いるにもかかわらず、ここでは除外されてしまっているのだ。

　私たちは、あいまいな答えではなく、はっきりとした回答を求めたがる傾向がある。しかもそれが数値で示されると、より客観的で説得力があると判断しがちである。しかし、それは具体的であったはずの事象が、数値によって抽象的で客体化されたものとなることを意味する。記号的世界では、それぞれの名をもつ人びとが具体的な生を営んでいたことが、たとえば「認定患者第○○号」といった恣意的な数字に置き換えられてしまうのである（池田・クレーマー，2000 ; Gebser, 1985）。

❖ 断片化される水俣病

　記号化とは、断片化でもある（池田・クレーマー，2000 ; Gebser, 1985）。水俣病の症状には多様なものがあり、人によってどういった症状が現れるのかいまだ明らかになっていないところがあるにもかかわらず、水俣病資料館の展示は、急性劇症型と胎児性水俣病患者の写真や映像、解説に重きが置かれている。常設展示室（図11-1参照）に入ると、左側の壁面には大きく引き伸ばされた急性劇症型と胎児性水俣病患者に関する4枚の写真が展示されている。なかでも最初の一枚は、一人の患者の姿すらも断片化されている。急性劇症型水俣病患者によく見られる症状で、いわゆるカラス曲りといわれる変形した手だけが、そこには提示されているのだ。

　断片化された水俣病像のこうした展示は、来館者のステレオタイプを強化させる役割を果たす。水俣病に関するニュースが流されるたびに、急性劇症型患者の姿をとらえた昔の映像が使われることが

---

2) 2009年10月30日付読売新聞夕刊18面と2011年8月17日付読売新聞朝刊29面の記事を参照。

多く——たとえば2009年の特措法が成立したときもそうだった——，そのイメージを抱えたまま来館する人にとっては，すでにもっていたステレオタイプな水俣病像を確認・強化することになってしまうのである。

　資料館の展示は水俣病の原因は有機水銀であるという医学／科学的に証明できたことに限られている。しかし，医学／科学が証明してくれるものは，断片的な水俣病像に過ぎないし，断片的な情報からは水俣病の多様な姿がわかるわけではない。また，作家の石牟礼道子が指摘しているように，水俣で起こったことは有機水銀をはじめとした重金属の複合汚染である疑いが濃厚である[3]。水俣には癌患者が多いといった印象をこの地に住む多くの者はもっており，そのなかには石牟礼がいうような疑いを抱く者もいるのだが，展示のなかにそうした多様な意見が反映されることはない。

6　タイムカプセルとしての公害資料館

　四大公害病や他の公害発生地域の状況からもわかるように，公害は現在進行形の問題である。たとえば四日市などの大気汚染公害は，規制値が設けられたため，公害が最もひどかった時期に比べると汚染の規模と程度は小さくなったが，汚染物質はいまだに工場や自動車などから排出されており，公害の発生源はなくなってさえいない。したがって，公害資料館は「過去」の被害の実態のみを展示する場であってはならないし，そのために私たちが足を運ぶのだとすると，資料館の存在意義がなくなってしまう。タイムカプセルとしての公害資料館であってはならないのだ。

---

3) 2012年6月22日号『週刊金曜日』に掲載された「インタビュー 石牟礼道子」14頁より。

❖ 現在進行形の水俣病

では，水俣病資料館はどうだろうか。胎児性水俣病と急性劇症型患者に関するものが多い資料館の展示は，「過去の悲劇」としての水俣病を強調しているように思えてしまう。急性劇症型患者はいなくなり，胎児性水俣病患者のほとんどが 50 歳を超えてさらに症状が悪化してきている状況等は，常設展示のなかでは伝えられていない。また，見た目にはわからない症状に悩まされる患者が圧倒的に多い現在の状況や，国際的に注目されているという長期にわたる微量の水銀暴露の問題[4]などを探し出すのは困難である。

さらに，水俣病の歴史を示す年表は 2007 年で終わったまま長い間放置されていた。2012 年 3 月になって，その年の 2 月に結審した水俣病溝口訴訟福岡高等裁判所判決[5]までようやく書き加えられた。ただし年表を詳しく見ると，たとえば「1968 年 1 月水俣病対策市民会議が発足」「1969 年 4 月水俣病を告発する会が発足」といった市民側の動きはほとんど載っていない[6]。現在の動きやつながりが説明できるような展示にはなっていないのである。

水俣病という半世紀以上にわたる長い歴史をたどることは，思った以上に努力を強いられるものであり，過去の歴史を追うのに時間がかかると，現在に行きつくまでに「観る」側も疲れてしまう。選び取られた出来事を通時的に追っていくことだけが，歴史を学ぶことではないはずだし，単に「過去」をなぞるだけが歴史ではないはずだ。

---

4) 2011 年 8 月 12 日に水俣市公民館で行われた原田正純の講演（水俣芦北公害研究サークル主催）のなかで述べられていた。
5) 被告である熊本県が上告したため，最高裁判所で争われることになるのは避けられないだろう（2012 年 7 月中旬現在）。
6) 資料館に展示された年表と，たとえば『水俣病小史 増補版』（高峰, 2012）に収録されているものとを比較すると興味深い。

❖「再生」した水俣

　水俣病資料館の全体的な印象は,「暗い」過去を克服した「明るい」水俣が前面に押し出されていることである。特に, 後半の「再生した水俣」を描き出す展示がそういった印象を与えている。水俣湾の埋め立て工事の様子や, 水俣市が水俣病の風評被害をいかに克服し, 再生したかに重点が置かれた展示物やパネルが全体の半分近くを占める。

　そして, 来館者の多くが気になっていたであろう「水俣の魚は食べられるのか」という疑問に対して[7], 水俣の海はすでに再生し, 魚を食べても問題がないことが説明されている。しかし, 問題が全くなくなったわけではない。埋立地に封じ込められた有機水銀を含んだヘドロが, 海に流れ出す恐れがこの先ないとはいえないことは, さまざまな人たちが指摘していることだ[8]。

　水俣病をめぐる差別や偏見が今でも無くなっているわけではないのに, その問題点を考えさせるような展示もほとんどない。過去のそうした問題は,「もやい直し[9]」によってあらかた解決したかのような印象を来館者に与えている。

　過去の公害を克服した「再生した水俣」という「物語」は, 来館者をほっとさせる効果がある。たとえば晴れた日には展示室を後に

---

7) 水俣病に関するQ&Aをまとめた子供向けの冊子〈http://www.minamata195651.jp/pdf/minamata_watashitati.pdf（アクセス：2013年3月26日)〉や展示などには, 必ず載っている質問である。
8) 埋立地に埋設されている大型鋼矢板セルの寿命は約50年だといわれているが, 地震などの影響も含めてはたしてそこまでもつのか, あるいはもったとしてもその後未処理のまま埋めた水銀をどうするかが問題となっている。
9)「もやう」とは船と船をつなぎ合わせることで, 1994年5月1日の第3回水俣病犠牲者慰霊式において, 当時の吉井正澄水俣市長が式辞において造語である「もやい直し」という言葉を使った。水俣病によって分断された地域のきずなを取り戻そうとして行政主導で進められた。

して，目の前に広がる不知火海とそれを取り囲むように浮かぶ島々を眺めると，過去に起こった出来事がまるで遠い昔のことであったかのような錯覚を覚えるのではないだろうか。

　私たちの記憶はあいまいである。全体的な印象や周りの風景と溶け合ったイメージだけが，記憶の片隅に残るだけで，細かな展示物の記憶など，よほど関心のある者以外は忘れてしまう可能性が高い。したがって資料館は，「過去を克服した水俣」とか，「再生した水俣」といったイメージ／言葉だけが再生産される場であってはならないのだ。

7　「観る」から「スケッチ」へ

　『動物園』では，「一度自らの内に取り込んだ映像を独自の観点の下で画用紙に写し出す」行為を「スケッチ」と呼んでいる。そこでは観客独自の「解釈」が生じることになり，普段の「観る」とは，「意識の置き様の次元が異なる」（p.131）のだという。自分たちの観たいようにしか観ないという行為が変わるためには，「スケッチ」のような過程をいったん経なければならないのかもしれない。

　しかし，「スケッチ」という行為は，誰しもが自然と行えるようなものではない。それには，なんらかのきっかけが必要である。その一つの例が，滋賀県立琵琶湖博物館の展示交流員の活動である。全部で30人いるという彼（女）らは，交代で館内のさまざまな場所に立つ。研修制度なども充実しているため，展示物全般についてかなりの知識をもつ彼（女）らは，来館者からのたいていの質問に答えることができる。しかし，この制度のユニークな点はそこではなく，交流員が来館者から学ぶ姿勢を前面に出しているところにある。彼（女）らは，博物館のホームページのなかで次のように呼びかけている。

この琵琶湖博物館には大変多くの展示物があり，私達の役目の中には「各展示コーナーの解説」もありますが，展示物に関連する事柄について私達がまだ知らないことがたくさんあります。／そのため，私達の知らないことをお客様から教えていただくことがあったり，お客様と一緒に調べて考えることもあります。そして，その「交流」の楽しさを感じてもらうよう心がけています。／ここへ来られたお客様が，いろいろなことを学んで帰られると同時に，私達もお客様と共に成長しています。／お越しのさいはお声をかけて下さい[10]。

ミュージアムは，展示物だけで構成されているわけではない。展示物を選び，どのようにそれを並べるのか考えるのは，そこにいる学芸員や職員である。無人のミュージアムなどおそらく存在しないだろうし，展示に疑問をもったり，もっと詳しく知りたければ，誰かに尋ねればいい。彼（女）らとの「交流」を通して，いままで見過ごしてきたものや，これまで避けてきたものに気づき始める。それまで後景に潜んでいたものが前景へと移動し，私たちの意識に変化が生じ，「観る」という行為に変化が生じるのである。

水俣病資料館の「目玉」である語り部制度は，ある１人の水俣病患者と来館者との交流から始まった。資料館が開館して間もない頃，毎日のように訪れていたその患者は，館内を説明する人たちの話を聞いているうちに，黙っていられなくなったのだという。あまりにも事実と異なることを話しているため，たまらずに自ら来館者に説明をし始めたのだそうだ。

同じように私たち来館者も，資料館が「観せる」ものに対し，積極的に介入することができるはずだ。私たちが声をあげることによ

---

10) http://www.lbm.go.jp/tnjkoryu/about.htm（アクセス：2013年3月26日）

って，資料館は「メディア・リテラシー」が育まれる場になり得るのだ。

8 おわりに

琵琶湖博物館の設立に準備段階からかかわった嘉田由紀子（1999）は，ミュージアムを称して「必要悪」と呼んでいる。それは，箱ものであるミュージアムは，本来ならばないに越したことはないが，「フィールド」へ出ていくための入り口としては必要であるという意味だ。

公害資料館も同じである。そこにすべての答えがあるわけではなく，そのことを私たちが自覚しつつ，実際の「フィールド」へ出ていく必要があるのではないだろうか。たとえば，水俣病患者の田上義春が「市立資料館と考証館は両方見て，初めて本当のこつが見えるわけな」（田上・小里，1993：5）というように，㈶水俣病センター相思社が運営するもう一つの「公害資料館」[11]に行くこともその一つだろう。

また，公害が発生した地域に限らず，私たちが暮らす地域のなかや，もっと身近な日常が「フィールド」そのものかもしれない。「公害」という近代化が進行していくなかで産み落とされた「負の遺産」と，私たちはどう向き合っていかなければならないのか，私たちの暮らしとそれがどう関連しているのかを，特に2011年3月11日の「原発震災」以降は，身近な「フィールド」のなかで，答えを模索していかなければならない。

宇井純（1968：p.209）は，「紛争の当事者以外の者でも，次に同

---

11) 水俣病歴史考証館については，ホームページを参照。〈http://www.soshisha.org/koushoukan/koushoukan.htm（アクセス：2013年3月26日）〉。

じような公害が起これば必ず被害者か加害者になる」ことは必定で，公害に第三者はないという。そして，「第三者を名乗るものは必ずといってよいほど加害者の代弁をして来た」と警鐘を鳴らしている。公害資料館を訪れることは，そのことの意味を考えるための入り口でもあるのだ。

●ディスカッションのために
1 ミュージアムが「記号的空間」であるとはどういうことなのか，具体例を挙げて考えてみよう。
2 「オリジナルな資料」と「本物」とはイコールではないはずだ，とはどういうことなのだろうか。
3 観たいものを観たいように「観る」という私たちの行為は，身近な日常のなかで，どういったところに現れているだろうか。
4 公害資料館における「ヒノヤマホウオウ」とは何だろうか。
5 公害資料館が，「メディア・リテラシー」が育まれる場となり得る可能性について，話し合ってみよう。

●コラム「軍艦島／監獄島」と世界遺産

　日本の公害問題を考えるうえで欠かせない視点の一つが，エネルギー政策との関連である。国が推し進めてきた近代化政策によって，次々と「負の遺産」がもたらされたのだが，そのなかの一つに，長崎県の端島にある三菱の炭鉱で就労していた中国・朝鮮人労働者の強制連行とその被ばく問題がある。しかし，2009年の上陸解禁以来，6万人もの観光

1930年頃の端島（軍艦島）（日本地理風俗大系編集委員会, 1959-1960）

客が訪れる観光地となったこの島に、そうした負の部分があることを知る人はそれほど多くはない。

19世紀初頭より炭鉱採掘事業が進められ、1974年の閉山まで国のエネルギー政策とともにあったこの島には、今では廃墟と化した日本初の鉄筋高層アパートが立ち並ぶ。写真にあるように、島とその上に建つコンクリートの建物群が放つ異形がさながら軍艦「とさ」のようだということから、「軍艦島」と呼ばれているのである。しかし、中国・朝鮮人労働者たちは、過酷な労働を強いられ、しかも容易には逃げられない環境だったことからだろうか、その島を「監獄島」と呼んでいた。

彼らのなかには、長崎市で被爆した者もいる（長崎在日朝鮮人の人権を守る会、2011）。端島から長崎市にある造船所に移動になって被爆した者や、原爆が落とされて数日後に長崎市内での清掃作業を命じられたために入市被爆した者たちである。被爆者健康手帳すらもらえずにいる人たちが多く、いわば見捨てられた形の中国・朝鮮人労働者のこうした実態を隠すかのように、この島はいまや「廃墟ブーム」に乗っかろうとしている。「近代文化を支えた無人島へ上陸しませんか？」と呼びかけるチラシが、そのことを物語っている。

端島は、2009年1月に「九州・山口の近代化産業遺産群」の一つとして世界遺産暫定リストに記載された。島全体をミュージアムに見立て、多くの者に観てもらおうという試みなのだろうが、「見せたい過去」だけを提示している、と勘繰られても仕方がない。実際、端島に行く唯一の手段である「軍艦島ツアー」では、中国・朝鮮人労働者たちの実態には一切触れないのだという。このツアーを近代化推進の「負の遺産」を理解するための入り口とするためには、たとえば「ナガサキ・もう一つの真実」を伝えようとしている「岡まさはる記念 長崎平和資料館」に立ち寄る、といった「フィールド」が必要となるはずだ。

引用・参考文献

池田理知子・クレーマー, E.（2000）『異文化コミュニケーション・入門』有斐閣。

伊藤寿朗（1993）『市民のなかの博物館』吉川弘文館。

宇井　純（1968）『公害の政治学―水俣病を追って』三省堂。

嘉田由紀子（1999）「「一人称で語る」もやい直しの場を―琵琶湖博物館の経験から」『ごんずい』**51**, 9-14。

クレイン, S. A.（2009）「序論 ミュージアムと記憶について」『ミュージアムと記憶―知識の集積／展示の構造学』S. A. クレイン［編著］／伊藤

博明［監訳］,ありな書房, 7-24頁。(Crane, S. A. (2000) *Museums and memory*. Stanford, CA: Stanford University Press.)

高峰　武［編］(2012)『水俣病小史 増補版』熊本日日新聞社。

田上義春・小里アリサ (1993)「今まで，市が，なぁ〜んばやって来たかな。」『ごんずい』**16**, 3-5。

長崎在日朝鮮人の人権を守る会 (2011)『軍艦島に耳を澄ませば―端島に強制連行された朝鮮人・中国人の記録』社会評論社。

日本地理風俗大系編集委員会 (1959-1960)『日本地理風俗大系 13』誠文堂新光社。

弘津敏男 (1993)「水俣病のようだが水俣病ではない」『ごんずい』**15**, 14-17。

フーコー, M. (1974)『言葉と物―人文科学の考古学』渡辺一民・佐々木明［訳］, 新潮社。(Foucault, M. (1966) *Les mots et les choses: une archéologie des sciences humaines*. Paris: Gallimard.)

ボードリヤール, J. (1979)『消費社会の神話と構造』今村仁司・塚原　史［訳］, 紀伊国屋書店。(Baudrillard, J. (1970) *La société de consommation: ses mythes, ses structures*. Paris: Gallimard.)

マドセン, M. (2009)『100,000年後の安全』アップリンク。

三崎亜記 (2005)「動物園」『バスジャック』集英社。

村田麻里子 (2007)「ミュージアムにおける「モノ」を巡る論考」『京都精華大学紀要』**33**, 30-51。

吉見俊哉 (1992)『博覧会の政治学―まなざしの近代』中央公論社。

Gebser, J. (1985) *The ever-present origin*. (N. Barstad & A. Mickunas, trans.), Athens, OH: Ohio University Press. (Original work published 1949).

第Ⅳ部　日常のなかのメディア・リテラシー

第 12 章　「市民ゲリラ」養成講座
3人の「市民ゲリラ」から 3.11 以降の生き方を探る

第Ⅳ部「日常のなかのメディア・リテラシー」では，これまでの各章で議論してきたメディア・リテラシーを日常のなかでいかに実践し得るのかのヒントを探っていく。

　第12章は「「市民ゲリラ」養成講座」と銘打ってはいるが，けっして講義を行っているわけではない。1人の大学教員が3人の若者から話を聞くなかで，彼女／彼らがどうやって世の中の動きを見ているのか，そこで何を感じとっているのか，そしてそのなかからどういう行動を選びとっている／とろうとしているのかを聞き出そうと試みているのが，この章である。「原発震災」後という困難な時代にあって，これまでとは別の選択肢をとることを余儀なくされている3人が思い描く「未来」とはどういうものなのだろうか。日々の暮らしのなかで考え，おかしいと思ったことに対して異議申し立ての声をあげる。それが，メディア・リテラシーの実践の一つであるならば，「市民ゲリラ」とは，いわばそうした当たり前のことを実行する者たちのことを指す。

　鼎談が行われた水俣は，水俣病事件が発生したことにより人びとの日常が大きく変わってしまった土地である。しかしここは，チッソの企業城下町にあって水俣病のことを口にすることがはばかられ，表面上は鎮静化を装い，水面下では差別と偏見が進行していった歴史をもつ土地でもある。「公害の原点」として知られる水俣ではあるが，実はこうした問題を抱えるところは各地に散在する。本書で取り上げた沖縄やマーシャル諸島，米国ナバホ居留地なども同様であり，学校や職場，地域といったより身近な場所でも同じような問題は起こっている。問題を抱える場の象徴として，水俣を鼎談の地に選んだのである。ここに登場する彼女／彼らとの対話が，公害／環境問題と向き合うきっかけを読者一人ひとりに与えられることを望んでいる。

第12章

「市民ゲリラ」養成講座
3人の「市民ゲリラ」から3.11以降の生き方を探る

素人の乱（二木・松本, 2008）

　東京・高円寺の一角は，何かと騒がしい。リサイクルショップ店主である松本哉が仕掛けた「素人の乱」が元気だからである。もともと松本の店の名前である「素人の乱」を名乗る店が，彼のもとに次々と集まった人たちによって出されたことで，その界隈は何か面白いことがありそうな雰囲気を醸し出している。

　その「素人の乱」が主催した「9.11 新宿・原発やめろデモ!!!!!」は，松本流の「くだらなくて笑える」デモで「暴走」などなかったはずなのに，逮捕者が12名も出てしまった。体制側が恐れているのは，デモというより歌や音楽，踊りありのパレードの楽しさなのだろう。

1 はじめに

2011年11月17日，水俣市のおれんじ館に「市民ゲリラ」ならぬ3人の若者が集まり，それぞれの「ゲリラ」活動について語ってもらった。仕掛け人は，大学教員の肩書をもちながら，あちらこちらで「市民ゲリラ養成講座」を開催している田仲康博である。

参加者3人のプロフィールを簡単に紹介すると，森啓輔は沖縄出身の一橋大学大学院生，関口詩織は名古屋出身で今は休学中だが国際基督教大学一年生，高倉草児は水俣で生まれ育ち，現在はガイアみなまたで働いている[1]。

今回の座談会の場所であるおれんじ館（図12-1）は，不知火海が一望できる高台に立ち，船と船がもやう（つなぎ合わせる）様子を建物全体で表現している。建物には「もやい直し」の願いが込められている。水俣病のために人びとのきずながずたずたに切り裂かれた町の再生を願って建てられた市の施設で，高倉が週に3,4回夕日を眺めに来る場所でもある。

図12-1　おれんじ館

---

1) それぞれの所属先は対談を行った当時のもの。

2 「市民ゲリラ」のイメージ

✤「市民ゲリラ」は過激な響き？！

　田仲　今日こうして3人に集まってもらったのは、われわれ大学教員の危機意識がきっかけだったと言っていいと思います。3.11以来、これまで一体なにをやってきたのだろうかという反省の声がさまざまな場所であがっています。大学も例外ではありません。われわれ教員の多くは大学の内外でさまざまな社会問題に対して声をあげてきたつもりだし、その一部はそれぞれの場所で運動にも参加してきた。しかし、運動の現場ではそのつど異議申し立ての声があがっていたはずなのに、その声が届いていなかったのではという思いがある——。ひょっとして、異議申し立ての声のあげ方に問題があったのかもしれない。ちゃんと人に伝わる言葉で話していたのだろうか、という疑念が生まれてきたわけです。

　3.11以降、大学では、これまでと同じような教え方、同じような語り方はできない。たぶん同じような運動の仕方もできないだろうなという予感、というよりも実感があります。そこで今日は、これまでそれぞれの場所でさまざまな活動をし、声をあげてきた3人に、

図12-2　対談の様子

それぞれの経験を語ってもらいたいと思います。さて，今日の集まりには「市民ゲリラ養成講座」というあやしげなタイトルがついているけど……。

関口　けっこう過激な響きですよ。

田仲　過激な響きっていうか，そう響いてしまうところが問題なのかなとちょっと思ったりもするのだけれど，「市民ゲリラ」という言葉で言い表したいのは，そんなに難しいことではない。一言でいうと，素人です。

素人のゲリラ，素人の運動家，素人活動家って言葉でくくってしまってもいいかもしれない。というのは，報道メディアが好んで使う言葉に，活動家とか，反対派とか，一番ひどいのは，プロ市民って言葉がありますね。異議申し立ての声をあげる人たちに対して，そういう言葉があてがわれることが多い。そこには，その道のプロで，活動だけを主として生きている人たちみたいな語感がある。揶揄とか皮肉が込められていますよね。

問題は，そういう言葉によって，「運動をしている人たち」と「何もしない私たち」の間に分断線を引き，運動する人たちを排除していくことにある。運動が何か特別なことで，人びとの日常生活とは相容れないと思わせてしまうような，そんな語りがあまりにも多すぎる。そこになんとかくさびを打ち込むためにも，むしろ積極的に「市民ゲリラ」という言葉を使いたいと思っているわけです。つまり，ここで考えてみたいのは，ほんとに素人の活動，普通に気負いなく運動している人たち……。

❖「市民ゲリラ」の系譜

関口　素人の乱（☞本書215頁）みたいな。

田仲　まあそれに近いよね。発想は似ていると思う。

90年代，東京で「だめ連」[2)] というグループが出てきたけれど，

あの人たちの，肩肘張らない，力を入れない運動みたいなものには学ぶべきところがある。基本的に自分たちはだめなんだ，メインストリームに乗ってはいけないんだという自覚——そこからスタートして，じゃあ異議申し立ての声をあげるにはどうすればいいのかという考え方があってもいい。基本は，レールからどう積極的に降りるかっていうことです。そう考えれば，「市民ゲリラ」の系譜は至るところにあると思うんですよね。

図 12-3　だめ連宣言！
（だめ連, 1999）

もう一つは，住民運動の歴史がある。組織とか，政党とか，団体とかによらない，住民が自発的に起こしてきた運動の流れがある。たとえば近所にゴミ捨て場ができると，それに反対するとかね。そういう風に住民の間から自然に発生してきた運動ってあると思う。それに近いイメージで，「市民ゲリラ」というのを考えている。

だから，「市民」にとくに意味があるわけではなく，「ゲリラ」にとくに意味があるわけでもない。ただ，怒っているときは声をあげよう，不安なときは声をあげよう，というものすごく単純なことを言っているつもりなんです。

そういうことをここに集まった3人は自然にやっているなと思うので，みなさんが現場でこれまでどういうことをやってきたのか，今こういう状況で何を考えているのかを聞いてみたいと思っています。何か「市民ゲリラ」という言葉について言いたいことってあるかな。

　関口　私は強いイメージをもっちゃう。

---

2) 1992 年に当時大学生だった神長恒一らが始めた運動。

田仲　確かに、ちょっと積極性がありすぎるよね。もう少しダメさ加減が出てた方がいいかもしれない。

関口　そうそう、だめ連とか素人の乱とかだったら、マヌケでかわいい感じが……。

田仲　そうだね。この表現には確かにすごく棘がある……。

関口　でも、あえてそれがいいと思っている面もあります。

高倉　ギャップですね。

田仲　言葉のギャップ。とくに原発事故以降、大変な状況になっているのに、目を閉じて、耳をふさいでいないのか……。みんなたぶん不安に思っている。でも、それを押し隠して生きていくっていう流れがどこかに生まれてきてもいる。風評被害ってことが言われていて、声をあげることすら難しい状況に、少なくとも東京で暮らしていると、そうなっているという実感がある。表だって反対の声をあげにくい状況。誰も声をあげることをやめろとか言わないし、実際に止められているわけではないんだけれどね。そういうときには、やっぱり少し過激な言葉を投げかけないと、目が覚めないのかなってのがある。

　それはおいおい考えていくことにして、ではみんなそれぞれの場所で何をしているのか、自己紹介がてら話し始めてもらいましょうか。では、高倉君から。

3　水俣で「ねじ」を巻く

❖夕焼けを眺めながら

高倉　運動をしてきたのは父とか母たちなんですけれども、自分自身は運動というのは意識してもおらず、自分がそういうのをやってるとも思ってなくて。だから、今何をやっているかというところから。ガイアみなまたというところは、もともとは水俣病センタ

ー相思社[3]のメンバー，水俣病闘争を支援してきた父や母の世代が創立したところなんですけど。そこで今，ジャムの加工だとか，甘夏の生産・販売をやってます。

水俣にいるということを，僕は，生まれたところですから誇りに思っていて，何か運動的なもの，「市民ゲリラ」的なものっていうことで言うんだったら，たとえば，お茶をつくっている天野さんたちと一緒に，水俣を面白いものにしていきたい，水俣にいろいろな人が来てくれるように，しかけをしていきたいという「あばぁこんね」というものをやっています。

時々，「マルシェ」という市場をやったり，土曜の夜市などの祭りのときに流しそうめんならぬ，流しパスタをやったりしています。僕は，週に3, 4回はここの夕焼けを眺めているんです。これを僕は死ぬまで見続けて，その後の世代まで見る人がいるっていう状況になるためには，何をするかという意味で，「市民ゲリラ」的なものになればいいなと。

❖生活と運動の境目がない状態

田仲　少し言葉が足りませんでしたね。運動という言葉にそれほど深い意味を込めているわけではありません。つまり，日々8割ぐらいの力は生活にあて，残りの2割ぐらいを運動に費やすとか，そういう発想ではないんですよね。もちろんその逆でもなく，むしろ，生活と運動の境目がない状態を考えることはできないのだろうか。

だって，さっきも言ったけど，近くにゴミ捨て場ができるってと

---

3) 水俣病患者の生活を支援することを主な目的として，1974年に作られた組織。

きには，生活が脅かされているわけですよね。そのなかで，生活の現場から，異議申し立ての声をあげる。生活のなかに自然にそういうことが入り込んでくるわけですよね。だから，たぶん運動という言葉を使わないほうがよかったのかなとも思う。

　学生たちと話していても，問題にぶつかってどうしていいかわからないときに，彼ら彼女らの目に入るのは，かつての政党とか，なんとか団体っていうところで活動してきた人たち。そうすると，敷居が高くてやっぱり入り込めないってことがある。あなた運動する人，私生活する人っていう分け方みたいなことがあって，そこがたぶん大きなバリアになっている。それは，やっぱりおかしいと思う。

　生活の現場で何事かを試みるということでいえば，高倉君のやっていることは「運動」なんですよ。高倉君はそういう生活をあえて選びとった。だって，東京のサラリーマンが週に3日夕日を見ています，なんていえませんよね。それ自体が，東京では異議申し立ての声になる。

高倉　僕が今生活していることが，原発がなくなるとか，基地がなくなってしまうとか，そういうことに直結するとは思っていません。

　ただ，たとえば世界の「ねじ」みたいなのがあって，世界が動いていくうちにそれが緩んでいくじゃないですか。「ねじ」っていうのは，自分の目の前のものしか締められない，目の前の「ねじ」すら締められないことも多々あるんだけど。だいたい手の届く範囲しか，自分はできないんですよ。それすらも危ういときに，大きなことはいえないけれども，ここで生きるんだっていう，そういうのができたらいいなって，常々思っているんですよね。

　東京に一年ぐらいいたんですけれども，東京にいた時には，東京の生活に染まっていました。それがいい悪いじゃないとは思ってはいるんですけれども，その場所にいたらそれを余儀なくされてしまう大きな力みたいなものがあるのかなと。

4 沖縄での座り込みと「祭り」

❖ 不自由な東京

田仲　世界中いろいろなところに行ったけど，東京ほど標識や矢印の多いところってないよね。「指示」が多いんだよね。たとえば駅だったら，その矢印をたどっていけば出口に行けるし，とりあえずそれらをフォローしていけば，道に迷うこともないんだけど，逆に言うとそれって不自由な，息苦しい世界でもあったりするわけです。高倉君はそうじゃない生き方をしているなって思う。

高倉君の普段の生活を見ているわけではないですけど，それは雰囲気で伝わってきますよ。

高倉　だらしないところもあります。

田仲　森君，じゃあそのだらしないというところから，つなげてもらえますか（笑）。

森　だいたい午前中はずっと寝ています。まあ，いつも朝まで起きているんですけど。完璧に夜型で，夜が好きなんです。東京に来て，夜が好きになった。何でかなってふと思ったら，夜は人がいない。東京の夜って，恐ろしいほど人がいなくて。僕は，新宿とか，繁華街とか，都心に住んでいるわけじゃないので，すごい想像力が湧き上がってくるところが夜にはあります。

もう一つは，昼間の東京がたぶんあまり好きじゃない。あまりにもあけすけにすべてが見える。みんな頑張って，本来の自分に戻ることもなく8時間過ごしているのがたぶん東京の日常で，それがすごいフェイクな感じがして。

❖ 沖縄と「運動」の歴史

田仲　森君は沖縄にいた頃は，よく高江[4]とかに行ってたわけですよね。そこら辺の話をしてもらえますか。

森　2004年に琉球大学に入ったんですが，それまでにもいろいろありました。高校のときに，県費をもらってドイツに留学しました。イラク戦争が始まる頃で，2002年か2003年にかけてドイツにいました。その留学先の高校の授業がデモでなくなったんですね。学生がデモに行くから，もう授業はやらないっていうふうになって。

そこはカンブルっていう北の方の都市なんですけど，デモには6万人ぐらい集まった。それが毎週月曜日にあったんです。2か月ぐらい続いたのかな。放水車の水を浴びたり，石を投げてるやつが横にいたりして。それを毎週のようにやっているのにびっくりしました。

でも，沖縄に帰ってみると，そこにはすごいコントラストがあった。沖縄のこの状況はすごくやばいのに，沖縄ってイラク戦争とかに直結しているはずなのに何も起きない。それで沖縄のことをちゃんと勉強しなきゃいけないなと思って，沖縄の大学に行こうと思ったわけです。2004年から辺野古[5]の座り込みが始まりました。友達の姉ちゃんがマスコミにいたんで，その人に情報をもらっては辺野古にちょくちょく行ってはいました。でも時間があるときに行ったという感じで，あんまりコミットする機会はなかった。そのうち，また留学してしまって……。帰ってきたのが2007年で，そのとき，高江でヘリコプター基地の建設工事が始まって，住民も座り込みを始めるわけです。今，座り込みをやっている人たちは，運動の経験がない人がほとんどです。かつて高江の近くで米軍の射撃訓練所や

---

4) ヘリコプター着陸帯（ヘリパッド）設置予定地。
5) 普天間飛行場代替施設の移設先とされているところ。

ハリアパットという飛行機の基地が作られた際の反対運動の記憶があり，辺野古でちょっと話聞いて，とりあえず座り込んだみたいなところがあった。そんなところから始まって，今に至るんですけど。

　面白いのが，住民の人たちのなかに著名なミュージシャンとつながっている人が結構多くて，しかも沖縄県内外問わずに結構いて，多くのミュージシャンの支援を受けている。それで，みんな楽しんでやるっていうことを大切にしている。どうせやるんだったら，自分たちができる方法で，楽しいことをやってみんなに来てもらおうという発想が生まれた。コンサートして，祭り担当とかをやったりするという風に……。

　支援者のなかには，沖縄の反基地闘争の歴史を経験してきた百戦錬磨の人もいるので，そういう人たちが政党関係のことを担当したり，防衛省に異議申し立てをしたり，デモを打ったり，ということを支援しています……。

　田仲　辺野古や高江では，たしかに横のつながりができている。弁護士さんとか集まってきたりしているしね。森君が言ったことはとても大事なことで，運動の現場には歴史や記憶があり，それらが生き続けているってこと。それぞれの場所でそれぞれの活動をやってきた人たちの記憶が，もう一回辺野古とか高江とかで呼び起されるというか，それは実際には人間と人間のつながりなんだけどね。皆がそれぞれの体験を口頭で伝えていくというやり方がそこに自然にできている。人の集め方とか，会場の設定方法とか，フットワークが軽くなり，イベントなどのやり方が明らかにうまくなってきた。

　森　泡瀬干潟[6]とかもそうですね。そこでも同じ頃に運動が始まった。

　田仲　裁判所が埋め立てをやるなってことを決定したにもかか

---

6) 沖縄本島東部にある南西諸島最大のサンゴ礁干潟。

わらず，行政側が埋め立てを進めている場所ですね。伊江島[7]とか，金武(きん)湾（☞本書104頁）とか，記憶を媒介にして運動が縦や横につながる場所って実はたくさんあって，それが大事なとこですよね。

5 浜岡原発とパレード体験

❖ 3.11以前とそれ以降の自分

田仲　関口さん，3.11以降，どういうことをしてきたのか話してもらえますか。

関口　震災までは，どれも自分の問題になっていなかった。雑誌とか，テレビとか，新聞も読むけど，大変だよねっていう感じのレベルだったんです。今年から大学一年生なんで，地元の名古屋から東京に引っ越す日が，ちょうど3月11日で，行こうと思ったら新幹線止まっちゃって。次の日，東京に着いたんですけど。荷物取り終って，ぽーっとしてたら，原発事故起きたよって母が電話かけてきて。それでやばいと思って名古屋にまた戻ったんです。

しばらくは，私今まで何やってたんだろうとすごく思っちゃって。チェルノブイリの歴史とか知ってたし，問題だなとは思ってたけど，結局何もしなくて。実際に事故まで起きちゃって，とにかく何かしなきゃいけないなと。最初，ネットで誰かやってないかなって，調べたんですけど，誰もあんまりやってなかったんで，自分たちでやるかってことになって，高校の友達に電話して，一緒に中部電力に浜岡原発を止めて欲しいっていう申し入れ

---

7) 沖縄本島本部半島の西方10キロメートルに位置する離島。阿波根昌鴻らによる米軍から土地を取り戻す非暴力の闘いがあったところ。

をしたことが，私の「市民ゲリラ」的な行動の始まりです。

　田仲　デモを決行するまでのいきさつは。

　関口　最初は申し入れの賛同署名を街頭で集めようってことになって，「3月19日に集めまーす，みなさん来てくださーい」ってツイッターとか，ブログ作って呼びかけたんですよ。女子高の友達何人かだけで街に立つから，原発の問題ってやくざが絡んでいるとか，変なおじさんがイチャモンつけに来るんじゃないかみたいなことで，誰か男の人が要るんじゃないかと言ってたんだけど，結局前夜まで誰もあてがなくって。でも，当日の署名の時間になったらわらわら来てくれて，家族連れの子供を抱いたお父さんが手伝いに来たとか，バインダーみたいなのを10個ぐらい差し入れてもらったり。道路でいっぱい署名やってる人がいるみたいな。

　そこで初めて申し入れだけじゃなくて，なんかやりたいねってなって，じゃパレードを，そういうデモをやろうかって。そこからだんだん話ができてきて。だから，ほんと最初は私と友達だけで，どうしようどうしようと言っていたのが，だんだん人が集まってきて，アイデアが出てきて，デモをやることになったんですよ。

　田仲　集まって来た人たちは，いわゆる大人？

　関口　大人もだし，いろいろですね。岐阜で農業をやってますとか，今まで原発の問題とか敬遠してたけどっていう人たちとか。

　あと新聞に載せてもらえたんですよ，署名集めたっていう記事。それを見た高校生が来てくれたり，という感じで人が集まってきて，3月27日に原発を止めて欲しいっていう最初のデモを名古屋でやったんですよ。

　田仲　今，すごく大事なことを言っていましたね。それまでもチェルノブイリだとか知ってはいたけど，自分の問題になっていなかった。その「自分の」っていうのが大事なことで，たぶんこれまでのことと3.11以降の大きな違いは，少なくとも多くの人が「こ

れはやばい！」と感じ，ある程度自分の問題として受け止めつつあるのかなとは思うんだよね。

❖ 平々凡々な私

　関口　二回目にやった5月8日のデモも，ネットで呼びかけただけで，1500人ぐらい集まってくれたし。

　田仲　みんなが物を差し入れてくれたり，こういう時にこういうことをしなさいというノウハウを教えてくれたわけでしょ。

　関口　そうそう。最初，デモっていうかパレードやろうって言ってたときに，こうしようああしようと言っていたら，「君たちデモ申請はしたの？」っていうメールがきて，なにそれって感じで。

　それで「じゃあ明日行ってきます」って返事したら，「いやいや一緒に行ってあげるから」って言われて。そこで法律関係にくわしい人とつながりができたり，そういう知識面でバックアップをしてくれる人とも仲良くなれました。なんかやってみたら，いいエネルギーってこんなにもいろんな人を動かすんだなって，感動しました。

　田仲　感心したのは，関口さんたちがやった経産省前での座り込み。あれは，いつごろだっけ。

　関口　あれは，9月11日からかな。21日まで。

　田仲　あそこで座り込みするという関口さんの実行力にも感心したんだけど，実際に行ってみたら，あなたのネットワークの広さにさらに驚かされた。実に多くの人たちがそこに来ていて，関口さんってありとあらゆる人を知っているなと思った。年齢層も下は高校生から，上は高校の先生，さらに年配の人までいて，関口さんは短期間でああいうネットワークを作ったわけでしょ。

　関口　そう。デモやって，そこで来てくれた人とも仲良くなった。私って，いわゆる何にもないんですよ。だからみんな私がものすごい人なのかと思って話しに来て，がっかりみたいな感じの人も

いた。警察なんかにも，最初は目をつけられていたんです，私。

　でも，あまりにも何にもなさ過ぎて，なんとか党に属しているわけでもないし，思想がこれってあるわけでもないし，ただの平々凡々の人だったっていうのがあったから，いろんな人が集まってくれたのかも。最初にやったデモも，ベビーカー隊とか，自転車隊とかあったり。実際，私は入りにくいよねっていうデモ自体見たことがなかったんで，もともとデモをやるのに抵抗がなかったんですよ。逆に何にも知らなかったんです。

6　対話の場としての「ハンスト」

❖気づくポイント

　田仲　原発がこういう状況になっているにも関わらず，やっぱり動かない人たちもいっぱいいるわけですよね。それってどういうことなんだろうね。感じることがあれば話してください。

　関口　最初は何でだろうと思った。何でこんなこと起きたのに，気づいてくれないんだ，なんで何もしないんだって気持ちがあったんですけど，今は逆に，私もたまたま今回の震災で，自分がなんかしなきゃいけないんだって思ってやり始めたけど，それがなかったら，今まで通り敷かれたレールじゃないけど，ある程度問題意識はもっていても，そのまま何にもせずに進んでいたと思うから。

　イラク戦争のときだって，柏崎・刈羽原発事故が起きたときだって，沖縄の基地のことも，いっぱい気づくポイントはあったはずなのに，自分はそこで気づけなかったから，今気づいていない人たちをどうにか私ができるとは思っていないかな。逆に，自分が変わって生きていくしかないって思っています。

　相手の心に届くような方法で表現していく努力はするけど——相手に変わってほしいとは思うけど，変えてやろうとかは思わないよ

うになりました。

❖ とにかく話して

田仲　それって，経産省の前で座り込みしていた時には，対話が大切で，とにかく話してみてっていうスタンスだったよね。それと今のは……。

関口　そうそう，同じ同じ。対話は意見の押し付けではないですから。デモやって，大学が始まるから東京に来たんですよ。東京でどうしたらいいんだろうってなっちゃった。——大学にしばらく通っていて，原発のこと考えようって，勉強会や原発関連の映画の上映会とかやってたけれど，何か他にできることがあるんじゃないかとずっと悶々としてて，そんななか，若者会議が始まった。

何かしたいけど今何をしたらいいか悩んでいる若者たちが，とにかく話す場がいるっていうことで，沖縄の高江にもいた千葉の二十歳の旅人，幹太くんが始めたんです。私も自分の悩んでいることとか，原発のこととか，ちゃんと友達に話せてなかったんですよ。同じ大学に進んだ自分の親友とかにも。そういう本音で語り合える場所がいるんじゃないかって，若者会議が始まって，そのなかから，ハンガーストライキがいいんじゃないかなっていう人が集まった。

田仲　「若者会議」って物理的に，実際に会うの。

関口　会う会う。

田仲　でも，呼びかけはネットとかで？

関口　最初は幹太くんの知っている人とかで。

田仲　口コミなんだ。

関口　そう。ハンガーストライキって過激な印象があるっていう人もいるんですよ。私，ハンストっていう言葉自体知らなかったんです。だから最初は，ガンジーみたいに断食すればいいやと思っていて。ガンジーがやっていたのは，要求が通るまで何も食べない

っていう感じじゃないですか。だから,相手とすごい対立する。でもそれはちょっと違うんじゃないかなって。経産省のなかにはいろんな人がいるし,そこで相手を敵と見なしちゃうと何も生まれない。対立しちゃったら,何にも生まれないっていうのを肌で感じている4人が,自分たちの意思を示すためにやろうってことになったんですよ。

原発の新規立地とか輸出とかやめて欲しいっていう請願書を書いて,経産省の人にも会って渡したんだけど,その要求が通ることがメインじゃなかった。とにかくまずハンストしてるって聞いて,なんでそこまでしてるのって目に留めてくれた若い人とか,誰でもいいんだけど,そういう人と話すことが,一番いい方法だと思った。別に賛成でも反対でも自分が正しいと思ってたどり着いた答えだったら,そこで真剣に話し合えば,たぶん敵にはならないんですよ。ちゃんと自分がこれでこうだから,これだっていうのがあれば,そこで相手とブチって切れないはずだし,そこで聴く耳を失っちゃったら,ほんとに何も生まれないんですよね。だから,話そうっていう場にそこがなっていったんですよ。

経産省前は海の家みたいになってて。パラソル立てて。焼きそばはないですよ。食べれないから。水と塩の山になってて。クロネコヤマトで塩とか届いたんですよ。経産省前宛てで。

7 「対立」が生み出される背景

❖相容れない？

高倉　水俣病で,僕の父なんかがやってるのを見ていると,フィスト,アングリーフィスト──敵は,国家,体制だと──国家権力に立ち向かうという明確な目標みたいなのがあって。

でも,国っていうと,自分がどこを向いているのかわかんなくな

りますよね。国っていっても，我々もそのなかに含まれているわけだし。そのなかで何が悪い悪くないということ自体が，わけわからないじゃないですか。

　関口　結局，国とか，大きい組織も一人ひとりの人間が構成しているから。

　高倉　そう，国対国の交渉事でも同じですけれど，国対国だと，中国対日本ってなっちゃうのが，中国の張さんと高倉だったら，お互いに手を握ることができるじゃないですか。仮に，原発擁護派とアンチ原発派の立場があったとして，その二つが相容れないということは絶対にない。相容れるために活動する。

　関口　やってよかったなと思ったのは，始めた1日目にきつそうなおばちゃんが来て，賛成派と反対派は相容れない，友達でも絶交するぐらいのいきおいでやらないとだめだ，と言われた。いや，それは違うでしょう，とそこで私が話したことで，5日目ぐらいにもう一回来てくれて，あなたが言ってたことがわかった気がすると言ってくれた。やっぱり話すことって大事だなって思った。

❖レッテル貼りに注意

　田仲　関口さんの話を聞いて思うのは，気負いのなさだよね。いい意味でポリシーがないっていうか，党利党略，主義主張がないっていうのは，ある意味ですごくいいと思った。

　関口　自分の主張はあるんですよ。

　田仲　もちろん。それは，原発は嫌だ，我々の生活に必要ないという，ぎりぎりのところから繰り返し声をあげるってことですよね。たぶん権力の側からすると，きっちり組織としてまとまって，反権力，反国家とか言っている人たちは実はあんまり怖くない。関口さんのような当たり前のことを言う人が一番怖いんだよね。

　だからこそ彼らは，反対派とか，活動家とか，プロ市民とかのレ

ッテルを貼っちゃうんですよ。名札をつけといて，こいつは危険人物だとか言う。沖縄の新聞も，基地建設の工事現場で座り込んでいる人たちを指して，ついつい反対派とかっていう言葉を使ってしまうことがある。でも，実際に運動の現場に行ってみると，農作業の合間に来ている人たちがテントの中で座っていたりするわけだよね。新聞とかテレビが言っていることとかなり違う現実がそこにはある。その辺，実際に参加していてどうですか。

　森　国家が賛成派，反対派といったコントラストを形成するので……。

田仲　わかりやすいよね。

　森　だいたい反対派がやることは，ネガティブに表象されていくっていうことがありますよね。ブッシュ政権とテロ，印パ独立戦争のときもまさにその通りだった。歴史はそういう意味で繰り返されていく。

高倉　レッテルを貼られた人たちがいるじゃないですか。その人たちがしゃべる言葉が全部レッテルを体現しているようなことしかしゃべっていないというふうにニュースが流れるのがおかしいと思うんですよ。それは3.11以降ですね。

ニュース見ていて，あれ，おかしいなっていうか，目につくようになった。民主党は民主党っぽいことしか言わない。自民党は自民党っぽいことしか言わないし。アンチはアンチって言っているようにしか聞こえてこない。なんでだろうってずっと気になっていた。

関口　私は，党の中でもバラバラなことを言っているなっていう印象が逆にあったかな。これからは，一人ひとりが，個人としてやりたいと思ったことに勝手に参加するし，別に組織でやらなきゃいけないとかじゃなくていいと思ったらやるし，悪いと思ったら悪いって思うことが大事な気がします。

田仲　そうだね。一人ひとりが「市民」であればいい。もとも

と国家が暴走しないようにチェックするのが市民の役割だったのに，いつのまにかそのチェック機能すらも行政の側に預けてしまった。もともと原発を推進している人たちが，原子力安全委員会とかに居座っていてチェックしているわけでしょ。それではチェックそのものが甘くなりますよね。それが今の状況を端的に表していると思うんだけど……。本来は我々一人ひとりが「市民」として，チェックしていく，これが実は本当のあり方だったんだよね。

8 権力側が嫌うもの

❖ 楽しむってこと

田仲　どうやって人はガイアに参加していくんですか。たとえば，積極的に誰かを引きずり込もうとかってあるの。

高倉　ガイアではそれこそ僕が一番若くて，後は父と母の世代。僕が帰ってこなければ，ガイアは一代で幕を閉じたかもしれないっていうぐらいです。だから水俣全体で支援を広げて，いわゆる水俣病以降の第二世代みたいな人たちが集まって，いろいろできるんじゃないかって。それこそ「もやい直し」（☞本書216頁）ですね。行政主導の「もやい直し」とは違うもやい直しができないかなと。楽しめってことですけどね，それは。

田仲　ほんとに，楽しめということなんですよね。それが「あばぁこんね」ってことだよね。

高倉　それも一つ。目標は，我々が水俣で生きること，それによって人が集まってくれるといいなと。

田仲　そこが，すごく大事なことだよね。

森　「あばぁこんね」ってどういう意味ですか。

高倉　こっちの方言なんですよ。「じゃあ来なよ，こっち来る？」みたいな。敷居がないってことですね。

田仲　それ、すごく大切だな。楽しむってすごく大事だね。権力の側が一番嫌うからね。

　関口　ハンストっていうと厳格そうな響きがあるけれど、私がやったのは全然違う。ただただみんな楽しそうに話して、ギター弾いている人とかいたり、絵を描いてきたっていって飾ってくれたり、みんな何回も来るんですよね。楽しすぎて。自分の立場とか、こんなこと言ったらどうかなとかいうことを考えずに、素で話せるみたいな場所って今少ないんだろうな。

　森　僕が高江に行こうと思ったのも、やっぱりかっこいいっていうのがあった。楽しんでいながら、しかもかっこいいっていうのは、でかいなと思った。僕も音楽をやるのでそこは理解できた。高江の住民は、ほぼみんな楽器ができたり、なにか一発芸みたいなのをもっている。都会で圧倒的に欠けているのは、芸ができる人が少ない。あんまり人を楽しませる素養がない人が、たぶん都会に集まるのかなあと思ったりもします。

　関口　音楽とかできなくても、自分が表現できる方法があれば何でもいい。文章でもいいし、企画するっていうのが自分の表現できることだっていう人もいるし、祭りの企画が自分の表現方法だったとしても私はいいと思ってて。そこを伸ばしていいんだ、という人が少ない気がする。逆にそれは趣味だからみたいな。もっとそれを自由にやっていいのに。「市民ゲリラ」の活動として、自分の持ち芸でやればいいと思う。というか、得意なところで。そうしないとたぶん本人も楽しくないし、やっていてだんだんつらくなってくる。

❖ 運動から「祭り」へ

　田仲　さっきの森君の話に出てきた都会ってことでいえば、そこでは資本の側から、生活を楽しめっていうメッセージが常に伝わってくるわけですよね。仕事は仕事として嫌なことも割り切ってこな

し，生活は生活として楽しみなさいというメッセージ。

でもその楽しみ方ってどういうことかというと，基本的に消費しなさい，もっとお金を使いなさいってことに尽きる。こっち側に楽しみの回路を準備してあげるから，そこで楽しめっていうこと。人を遊園地のような空間に追いやるようなやり方だよね。楽しむことが出来合いの回路に限定されていて，人とつながるってことを忘れたら，人はみな内側にこもっていくしかないのだと思う。

でも本当の意味で自分が気持ちよくなければ，人に優しくなれない，人は癒せない。かつての運動って，自分を犠牲にし，必死になって相手を幸せにするって意味合いが強かった。そこにはものすごいエネルギーが要求されるから，自分は全く幸せになれなかったりする。だから苦しいんだよ，運動することが。

高倉 父が酔った時によく言ってたんですけど，地に足をつけて自分の生活をしながらじゃないと支援はできない。

田仲 そうなんですよ。さっき，祭りっていう言葉が出てきたんだけど，あれってすごく大事なことで，かつて「運動」と呼ばれていたことを「祭り」に変える必要があるかもしれない。実際，意図的にそういう言葉を使っている人たちもいるよね。森君が話してくれたように，ミュージシャンとかアーティストがどんどん関わって，運動の場を遊びの場に変えてしまうっていうのを沖縄でも見てきたし，東京でも見ている。

本来は，政治と祭りの分断は語源的にもないはずなのに，そこを分けてしまった。政治は政治家がやるものということになってしまった。政治家でもないお前らは黙っておけ，一票入れればいいというふうになっちゃったわけですよね。民主主義って本来はそういうことじゃない。

高倉 水と油みたいな感じだったら，混ぜる。「あばぁこんね」なんかはそういう存在になりたいですね。

関口　マヨネーズ職人になる。

高倉　かき回して，ゆくゆくは崩してやる。

田仲　かき回すって響きがいいね。攪乱するということだね。

高倉　だってこれから一代，二代で水俣終わるわけではないですからね。何百年も，何千年もって考えたら，ここで少し崩すぐらいわけない。

田仲　そういう目線がなかなかないよね。ずっと続けていくという発想がなぜできないのかなと思う。

❾「市民ゲリラ」たちのこれから

田仲　今こういう時代に生きているみなさんが，今後どうしたいのかということを話してもらおうかな。

高倉　マヨネーズづくりとねじ締めと。毎朝，事務所のどっかを掃除するっていうのを実践しようと思って。そういうことの繰り返しなのかなあと。

田仲　継続だね。

高倉　ちっちゃいことを続ける。身の丈にあった生活をするというか。あんまり背伸びをしない。たとえば，エコという言葉があるじゃないですか。あの言葉ははてなんですけど。たとえば僕はデータとかとったら人より電気を使ってないんですよ。だけど，それはあくまで個人の嗜好の領域——もともとの生き方っていうのがあったじゃないですか，最初にエコありきじゃなくて。その，もともとの生き方は，仮にエコという呼び方もできるのかもしれないけれど，それだけに集約されるようなものではないですよね。

田仲　振り子が思いっきり180度振れているだけの言葉って感じがするよね，「エコ」っていう言葉は。じゃあ，森君は——。

森　僕は完全に未定です。厳しい博士課程の学生生活が始ま

ったところです。これは人生の賭けなので，ちゃんといいものを書いて，その先は何か教育に携わるのが面白いかなって思っています。近代日本の教育では，対話が一番損なわれていた。だから話ができずに対立しているけど，そこがたぶん何十年も変わらない。

言語ではない，もっと違う言語以外の言語みたいなものが昔はたぶんあったはずで，そういうものも僕は捨てずにいたい。言葉以外のことも磨けるようにしたいなといったことを考えています。

田仲　関口さんは，今後どうしたい。今，なにを考えているの。

関口　長期的には，自分の生活を自分の身の丈，手の届く範疇のなかでおさめていきたい。食べ物も自分で作りたいと思っているし，電力とかも，大きい電力会社に頼るとか，国の政策に任せるとかじゃなくて。今まで電気のこと，自分で何にも考えてこなかったから，そういうのをちゃんとして生きていきたいなっていうのが，最終目標ですね。

最初は，こういう生活をするために，公共政策だとか哲学とかを勉強したいと思って大学に入ったんですよ。でも，震災で脳内津波みたいになっちゃって。今，私何をしたらいいんだろうって，逆に悩んじゃっているところもあるんですけど。最終的にはこうやって生活することが一番の「市民ゲリラ」だと原点回帰しました。

自分の生活からちゃんとするっていうか，自分がまず変わらないと結局何の意味もないから。だから自分は東京にいることもすごい気持ち悪いんですよ。自分の今の生活が目指しているものと違うっていうか，言っていることとやっていることが違いますねっていう感じになっているんですよ。

田仲　関口さん，それって一番過激なことを言っているよね。資本主義のレールから降りますと言っているに等しい。経団連の会長がそれ聞いたらひっくり返りますよ。こんな人が増えたら儲からない。

関口　あと，短期的にやりたいことはすごくあって，それは学

生の声を集める場所を作りたい。ある程度大学側にちゃんとした声として届けられる、学生側の意見ですって。

田仲　回路を作りたいってことですね。

関口　あと一つは、私は原発っていうのが自分の心に響いているんで、エネルギーの問題。大学って研究施設とかあるし、一番電気消費しているから、そこから見直したいなと思って。まずは大学のエネルギー調査みたいなことをやりたい。あとは非電化工房[8]ってあるんですよ。冷蔵庫とかも電気使ってなくって。非電化大学とかできたらおもしろいなって。

10　継続と対話、そして耳を澄ます

田仲　今日ここで話してきた内容をまとめるのは大変だな。今日この場で話されたことには、いくつか大事なことがあって、まず高倉君が言っていた、継続するということ——その場で、自分のできる範囲で、しかも長期的にライフサイクルの一環として活動に取り組む。自分の人生だけでなく、高倉君はその先の世代のことも言っているわけだし、それがすごく大事かなあ。

それから、対話——森君が言っている対話っていうのもやっぱり大事で、これはたぶん関口さんも同じようなことを言っているし、実践しているよね。

そういう回路を作りたい、場を作りたいっていうのは、まさに対話を始めるきっかけを作りたいってことですよね。それもたぶん既存の組織とか、イデオロギーとかに頼らないような新しい方法でやるってことですよね。

---

[8] 発明家である藤村靖之が、電気を使わなくても快適で便利な生活が実現できる非電化ライフを提案している場。

関口　ま，私が動くってことです。

田仲　そうですね。ただ，今日はどっちかというとみんなそれなりに動いている人たちなので，発信する側，声をあげる側として最初は話してもらっていたんだけど，でも意外にみんな逆のことも言っていることに気づかされました。みんな，聞く側のこともちゃんと考えている。やっぱり3人とも聞き上手なんだなあと思いますね。

たとえば高倉君の場合は，父親や母親の世代の話をよく聞いているんだろうなって思う。それを何らかの形で次に伝えたいって言っているわけだから。やっぱり声を発するっていうことの裏側には，耳を澄ますということがある。ちょっとかっこいい言葉でいえばね。それが今すごく必要なことですよね。今はみんな耳をふさいじゃっているからね。聞こえているはずなのに，聞こえないふりをして生きている。隣で誰かが声をあげていても，耳をふさいで，結果的に自分の生活から排除してしまうってことがある。

みなさんがやっているように，そういう風に聞き上手になりながら，それなりの立場で，高倉君の言葉を借りると，ねじを締める，何か声を発する，そして何かをするっていうことが大事ですよね。

●ディスカッションのために
1　あなたはデモや集会に参加したことがありますか。もしあれば，その経験を皆とシェアしてください。もし無ければ，参加しにくい理由はどんなところにあるのでしょうか。
2　今あなたは，違和感をもっていること，異議を唱えたいと思っていることがありますか。それをできるだけ多くの人に伝えるにはどんな方法があるでしょうか。
3　対談のなかで「分断」という言葉が使われていました。運動をする人たちとあまり参加しない人たちの間に線引きをするうえでメディアは大きな影響力をもっています。そこにはどんな問題があるのでしょうか。

引用・参考文献

安里清信（1981）『海はひとの母である―沖縄金武湾から』晶文社。
阿波根昌鴻（1992）『命こそ宝―沖縄反戦の心』岩波書店。
阿部　潔・成実弘至（2006）『空間管理社会―監視と自由のパラドックス』新曜社。
池田理知子・田仲康博［編著］（2012）『時代を聞く―沖縄・水俣・四日市・新潟・福島』せりか書房。
伊藤　守（2012）『テレビは原発事故をどう伝えたのか』平凡社新書。
上野俊哉・毛利嘉孝（2002）『実践カルチュラル・スタディーズ』筑摩書房。
緒方正人（2001）『チッソは私であった』葦書房。
緒方正実（2009）『孤闘―正直に生きる』創想舎。
川本輝夫（2006）『水俣病誌』世織書房。
桑原正史・桑原三恵（2003）『巻原発・住民投票への軌跡』七つ森書館。
澤井余志郎（2012）『ガリ切りの記―生活記録運動と四日市公害』影書房。
田仲康博（2010）『風景の裂け目―沖縄、占領の今』せりか書房。
だめ連（1999）『だめ連宣言！』作品社。
二木　信・松本　哉（2008）『素人の乱』河出書房新社。
ポスター, M.（2001）『情報様式論―ポスト構造主義の社会理論』室井　尚・吉岡　洋［訳］, 岩波書店。(Poster, M. (1990) *The mode of information.* Oxford, UK: Basil Blackwell.)
毛利嘉孝（2009）『ストリートの思想』日本放送出版協会。

事項索引

A-Z
NHK アーカイブス　*137*
NIMBY　*62*
Nuclear Ginza　*157* → ドキュメンタリー
Our Friend the Atom　*177*
PBS　*179*
RSS 配信　*190*
SACO 合意　*61*
The Return of Navajo Boy　*179-181, 183, 184* → ドキュメンタリー
Webisode　*188, 189, 191* → ドキュメンタリー

ア行
アーカイブ　*137*
　テレビドキュメンタリー・――　*114, 147*
アクチュアリティ　*133*
アナムネーシス　*147*

『いのちの林檎』　*5, 6* → ドキュメンタリー

『うしろの百太郎』　*20*
『宇宙戦争』事件　*33*

大きな物語　*121*
沖縄戦　*128*
『沖縄戦の図』　*128*
オルタナティブ・メディア　*ii, 54, 114, 116, 154, 191-193* → メディア

カ行
解釈的円環　*170*

化学物質過敏症　*5, 6*
核の植民地主義　*184*
語り部　*38, 114, 117, 118, 124*
枯葉剤　*65, 66*
環境広告　*11*
環境正義　*166*
環境白書　*4, 7*
監獄島　*211* → 端島

『危険な話』　*10*
気候変動枠組条約締約国会議　*155*
記号
　――的空間　*198, 201, 202*
　――的世界　*203*
記号化　*203*
規制緩和　*9*
『奇病のかげに』　*138-142* → ドキュメンタリー
『今日の琉球』　*107, 108*

『苦海浄土』　*131, 143*
偶有性　*127*
グラウンズウェル・エデュケーション・フィルムズ　*189*
軍艦島　*210, 211* → 端島

原子力
　――の平和利用　*98, 105-108*
　――ムラ　*43*
　――ルネサンス　*191*
原子力安全・保安院　*151*
原子力ポスターコンクール　*155*
原水爆禁止運動　*105*
『原発切抜帖』　*115* → ドキュメンタリー

索引 243

原発事故　54, 226
　　チェルノブイリ事故　155
　　福島第一——　111, 151
『原発と村』　41

行為媒体性　36
公害の原点　132 →水俣病
公害健康被害補償法　9
公害資料館　114, 201, 204, 209, 210 →ミュージアム
公害白書　7
公共広告　23
公共性　24
公共知　168
口承メディア　114 →メディア
声の文化　117 →文化

サ行
在日米軍基地　99
差延　134, 147
佐喜眞美術館　128 →ミュージアム

時代精神　21
『100,000年後の安全』　195 →ドキュメンタリー
『守礼の光』　107-109
ジョンストン環礁化学物質廃棄施設　72
ジョンストン島　68, 71, 75
素人の乱　215, 218, 220
人為時事性　133
人為的装置　134
新自由主義　9

生物化学兵器　65
全米科学技術レトリック協会　163

『それいけ！アンパンマン』　26

タ行
大気汚染　204
タイガーマスク運動　29
第五福竜丸事件　105
代補　146, 147
伊達直人　29
だめ連　218, 220

小さな物語　120
チーム・マイナス6％　155
チェルノブイリ事故　155 →原発事故
地球温暖化　12, 157, 164
『沈黙の春』　3, 6
沈黙の螺旋　16

低線量被ばく　160 →被ばく
ディベート　114
テレビドキュメンタリー　136 →ドキュメンタリー
　　——・アーカイブ　114, 147

当事者　38, 117, 122, 123, 127
当事者性　38, 55, 117, 123-124, 127, 128
『動物園』　196, 200, 207
ドキュメンタリー
　　——映画　114
　　Nuclear Ginza　157
　　The Return of Navajo Boy　179-181, 183, 184
　　Webisode　188, 189, 191
　　『100,000年後の安全』　195
　　『いのちの林檎』　5, 6
　　『奇病のかげに』　138-142
　　『原発切抜帖』　115
　　『ドキュメンタリー苦海浄土』　131
　　『日本の素顔』　138
　　『花はどこへいった』　28
　　『六ヶ所村ラプソディー』　28

毒ガス
　　――移送反対運動　67, 69, 71, 74
　　――障害者連絡協議会　66
　　――撤去運動　64, 70, 74
毒ガス事件　60, 63-65
　　宜野座中学――　64
　　開南小集団皮膚炎事件　64
トランスサイエンス　162, 163

ナ行
内部被ばく　160 → 被ばく

二酸化炭素排出削減　12
『日本の素顔』　138 → ドキュメンタリー

ハ行
パーソン　31, 32 → ペルソナ
博物学的空間　198
博物館 → ミュージアム
　　――学　198
端島　210, 211 → 軍艦島
『花はどこへいった』　28 → ドキュメンタリー
パブリック
　　――アクセプタンス　153
　　――ディベート　154, 163-165
　　――リレーションズ　153

ビキニ環礁　82, 84 → マーシャル諸島
被ばく
　　低線量――　160
　　内部――　160
琵琶湖博物館　208, 209 → ミュージアム

風評被害　15
フォークロア　87

複合汚染　4, 7, 51, 204
『福島原発人災記』　10
福島第一原子力発電所　42
　　――事故　111, 151 → 原発事故
普天間　61
　　――基地問題　61
負の遺産　201, 209
　　――の記憶　94
プライス勧告　99, 107
ブラボー水爆実験　81, 85, 89
プロパガンダ　60, 103, 192, 193
文化
　　声の――　117
　　文字の――　117

米軍基地　100
ベトナム反戦　67 → 運動
ペルソナ　31 → マスク

放送ライブラリー　137

マ行
マーシャル諸島　60, 82
　　エニウエトック環礁　82
　　ビキニ環礁　82, 84
　　ロンゲラップ環礁　85
マス・メディア　53 → メディア
マスク　29-31 → ペルソナ

水俣・東京展　125
水俣病　13, 116, 119, 132 → 公害の原点
水俣病資料館　201, 205 → ミュージアム
水俣病センター相思社　220
水俣病溝口訴訟　205
ミュージアム　114, 197, 208 → オルタナティブ・メディア
　　公害資料館　114, 201, 204, 209, 210

佐喜眞美術館 128
琵琶湖博物館 208, 209
水俣病資料館 201, 205
水俣病センター相思社 220

メディア 19, 25, 46, 53, 103
　オルタナティブ・―― ii, 54, 114, 116, 154, 191-193
　口承―― 114
　マス・―― 53
　霊媒師 20, 37, 38
メディア・リテラシー i, 2, 37, 42, 52, 53, 55, 154, 162, 170, 197, 209, 214
メディエーター 38

文字の文化 117 →文化

ヤ行

予防原則 14
四大公害病 116

ラ行

『ラジオ・ビキニ』 84

リオ宣言 14
琉球列島米国民政府年次報告書 107

霊媒師 20, 37, 38 →メディア
連邦環境保護局 190

『六ヶ所村ラプソディー』 28 →ドキュメンタリー
ロンゲラップ→マーシャル諸島
　――環礁 85
　――平和ミュージアム構想 91

人名索引

A-Z
Abercrombie, N 139
Alailima, K. 72
Bushnell, A. 75
Ellis, J. 138
Fuller, S. 154
Gebser, J. 126, 198, 201, 203
Haber, H. 177
Havelock, E. A. 118
Lobel, L. K. 73
Lobel, P. S. 73
Marshall, S. 72
Munksgaard, J. 165
Paroske, M. 169, 170

Pfister, D. 165
Schnurer, M. 169
Scott, J. W. 36
Snider, A. 169
Welles, H. G. 33
Williams, R. 145
Wynne, B. 169

ア行
青沼 智 22
安仁屋政昭 64
有馬哲夫 98
有吉佐和子 4, 5
安 俊弘 153

飯田哲也 152
池田理知子 12, 17, 38, 62, 117, 120, 121, 123, 126, 127, 201, 203
石川 哲 6
石川迪夫 152
石田佐恵子 148
石牟礼道子 131, 143, 144, 204
石山徳子 185
板場良久 22, 88
伊藤寿朗 197-199
伊藤 守 54
井野博満 47
色川太吉 124

岩隈美穂 94
岩谷洋史 148

宇井 純 8, 13, 209

枝廣淳子 161
江守正多 161, 166

オング（Ong, W. J.）
 117, 118
大城 博 64
大田昌秀 75
荻上チキ 162, 165
奥田博子 93
奥野健男 7
小山内 宏 64
小沢昭一 115

 カ行
カーソン（Carson, R.）
 3, 6, 50, 51
開沼 博 153, 167
嘉田由紀子 209
鎌田 遵 185
神長恒一 219
狩川大輔 171, 173
川村 湊 10
川本輝夫 119-121
神田玲子 157

菊池 聡 20
北村正晴 152
木村栄文 131

クレイン, S. A. 199
クレーマー, E. 201, 203
クレッツ, V. 184

ケテラール（Ketelaar, E.） 137

小出裕章 152
河野太郎 153
郡山総一 41
後藤康志 170
小林傳司 163

 サ行
斎藤純一 24
斎藤 環 29, 30
佐喜眞道夫 128
佐々木 毅 116

ジョンソン（Johnson, G. F.） 169, 172
柴田鐵治 155-157
白井哲哉 160, 168

スティグレール
 （Stiegler, B.） 134, 147
ストーン, R. 84
スピッツ, J. 179-182, 184, 187, 188
鈴木みどり 154

関谷直也 11

 タ行
高橋博子 86
高橋正立 7, 8
高峰 武 205
武田邦彦 166
田中克彦 22
田仲康博 87, 89, 216
田村三郎 64

辻 さつき 157
津田英二 123
土本典昭 115, 119, 121, 125
つのだじろう 20
ディーン（Dean, G. E.） 107
デリダ（Derrida, J.）
 133, 134, 137, 147
ドゥルーズ（Deleuze, G.）
 146, 147
友清裕昭 156

 ナ行
中路武士 148
中原聖乃 86, 88
中村 功 157, 158
七沢 潔 159

ノエル＝ノイマン
 （Noelle-Neumann, E.） 16

 ハ行
バージャー, B. F. 103
ハンセン（Hansen, J. E.） 164
原田正純 205

ビュフォン, G. L. L. 198
平川秀幸 160, 168, 169
広瀬 隆 10
廣野善幸 163

フーコー（Foucault, M.） 197, 198
フォード, J. 181, 182

藤垣裕子 *163*
藤澤勇夫 *5*
藤田正一 *75*
二木　信 *215*

ボードリヤール
　（Baudrillard, J）　*198*

マ行
マイケルズ（Michaels, P.）　*164*
マドセン, M.　*195*
松本　哉　*215*
松本三和夫　*153*
丸木伊里　*128*
丸木　俊　*128*
丸山德次　*8, 9, 14*

ミッチェル（Mitchell, G. R.）　*164, 166, 169, 170*
三上俊治　*11*
三崎亜紀　*196*
水越　伸　*37*
宮澤章二　*23*
宮田光男　*49*

村田麻里子　*198*

モーア, J. E.　*103*

ヤ行
屋嘉比　収　*120, 124*
八木絵香　*152*

ユードル（Udall, S. L）　*186*

吉見俊哉　*197, 198*
吉村良一　*9*

ラ行
ランペル, E.　*72*

リンネ, C　*198*

ルノー, K. D.　*6*

ローズ（Rose, S.）　*67*

ワ行
若松征男　*163*
鷲田清一　*20*
渡辺京二　*131*

執筆者紹介 (執筆順,＊は編者)

池田理知子＊（いけだ・りちこ）
国際基督教大学教授
担当章：第1・7・11・12章

板場良久（いたば・よしひさ）
獨協大学教授
担当章：第2章

田仲康博（たなか・やすひろ）
国際基督教大学上級准教授
担当章：第3・12章

上原こずえ（うえはら・こずえ）
東京大学大学院博士後期課程
担当章：第4章

中原聖乃（なかはら・さとえ）
中京大学特任研究員
担当章：第5章

徳田　匡（とくだ・まさし）
東京大学大学院博士後期課程
担当章：第6章

小林直毅（こばやし・なおき）
法政大学教授
担当章：第8章

師岡淳也（もろおか・じゅんや）
立教大学准教授
担当章：第9章

青沼　智（あおぬま・さとる）
津田塾大学教授
担当章：第9章

山城雅江（やましろ・まさえ）
中央大学准教授
担当章：第10章

[シリーズ] メディアの未来❸

メディア・リテラシーの現在(いま)
公害／環境問題から読み解く

2013年5月30日　初版第1刷発行

編　者　池田理知子
発行者　中西健夫
発行所　株式会社ナカニシヤ出版
　〒606-8161　京都市左京区一乗寺木ノ本町15番地
　　　　　　　　　　Telephone　075-723-0111
　　　　　　　　　　Facsimile　075-723-0095
　　　　　Website　http://www.nakanishiya.co.jp/
　　　　　Email　iihon-ippai@nakanishiya.co.jp
　　　　　　　　　　郵便振替　01030-0-13128

印刷・製本＝ファインワークス／装幀＝白沢　正
Copyright © 2013 by R. Ikeda
Printed in Japan.
ISBN978-4-7795-0613-0

本書のコピー、スキャン、デジタル化等の無断複製は著作権法上の例外を除き禁じられています。本書を代行業者の第三者に依頼してスキャンやデジタル化することはたとえ個人や家庭内の利用であっても著作権法上認められていません。

[シリーズ]メディアの未来❶

メディア・コミュニケーション論

池田理知子・松本健太郎 [編著]

想像する力が意味を創造する

media communication

メディアが大きく変容している今，コミュニケーションとメディアの捉え方を根底から問い，対話の中から読者を揺り動かす好評テキストシリーズ，第1弾！

四六判／並製・224頁・本体定価 2200 円

[シリーズ]メディアの未来❷

メディア文化論

遠藤英樹・松本健太郎・江藤茂博 [編著]

文化という意味の網を読み解く

media & culture

メディアが多様な形態で発達を遂げた今日，私たちをとりまく文化はどのような変容を遂げつつあるのか？ 読者をディスカッションへと誘う好評シリーズ，待望の第2弾！

四六判／並製・250頁・本体定価 2400 円